Rolf-Günter Hauk • Christel Focken

ATOMBOMBEN

FORSCHUNG IN THÜRINGEN UND JAPAN

Atombombe – Made in Germany
Teil 2

Rolf-Günter Hauk

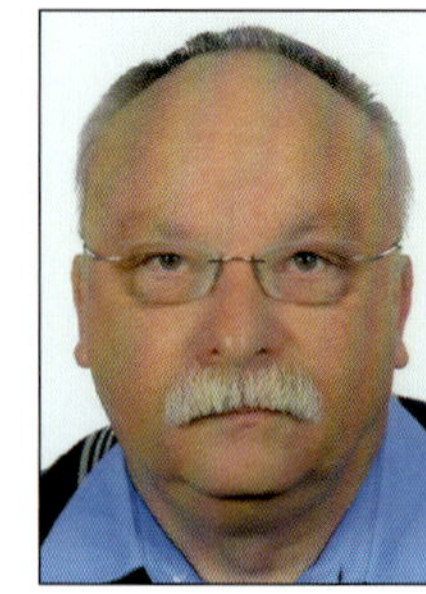

Jahrgang 1949. Nach einer Lehre als Physiklaborant bei der Höchst AG in Frankfurt machte er das Abitur auf dem zweiten Bildungsweg. Danach Studium der Physik/Physikalischen Technik, in der Halbleiterforschung tätig sowie in der Telekommunikation. In den letzten Jahrzehnten seiner beruflichen Laufbahn Planung, Installation und Entwicklung im Bereich Wireless LAN. Schon seit den 1960er Jahren beschäftigte er sich mit der Geschichte der Kernphysik und der Entwicklung der Atombombe. In den letzten Jahrzehnten wurde die Erforschung des Standes der deutschen Atomforschung bis 1945 zu einem Schwerpunkt seiner Recherchen. Durch Eintritt in den Ruhestand war es ihm möglich, eine erste Veröffentlichung über die Verwendung von Thorium im Dritten Reich mit dem Titel „Kernspaltung und Gaslaterne" im Jahr 2015 herauszubringen. Durch die Veröffentlichung der Georadarbilder aus dem Jonastal entstand in Zusammenarbeit mit Christel Focken die Idee zu dem vorliegenden Buch.

Christel Focken

Jahrgang 1961. Sie wurde durch ihren Großvater Johann Wilhelm Focken zum Eintritt in den „Verein Berliner Unterwelten" inspiriert. Als Leitender Ingenieur der U-Boot Reparaturwerft in La Pallice und später im OKM (Oberkommando der Marine) mit Sonderauftrag prägte der Großvater im Jahre 1965 die weitere Zukunft der damals Fünfjährigen mit dem Satz: „Wir brachten die Maschinenteile der Großkampfschiffe mit Zügen in Bergwerke vor den Luftangriffen in Sicherheit". Nach neun Jahren Mitgliedschaft im Verein „Berliner Unterwelten e. V." gründete sie den „Bundesverband der Privaten Historiker", dem sie bis heute (2021) vorsteht. Ihr Einsatz für den Erhalt der Festungsfront im Oder-Warthe-Bogen wurde 2007 mit dem Ehrenbotschafter-Titel belohnt. Zuletzt machte sie hinsichtlich des „Goldzuges" von sich reden. Sie war 2016 Pressesprecherin bei den Ausgrabungen und arbeitete auch 2017 bei der zweiten Grabungs-Kampagne mit.

Mit besonderem Dank an:

- Hans-Joachim König für die Bereitstellung der Zeitzeugenaussagen.
- Diplom Ing. Peter Lohr für die Bereitstellung der Rohdaten der Georadarmessung.
- Unserem Kollegen in Arnstadt (möchte namentlich nicht genannt werden) für Vertrauen und Unterstützung im Gelände und in der Auswertung.
- Den Mitarbeitern von Geoportal für die Bereitstellung der Daten zur Auswertung des digitalen Geländemodels.
- Dr.-Ing. Rouven Meidlinger für die Unterstützung bei der Aufarbeitung und Verbesserung der Grafiken im digitalen Geländemodel. www.planlaufterrain.com/

Vorwort

In unserem ersten Buch[1] gingen wir der Frage nach, ob es neben den beiden allgemein bekannten US-amerikanischen „Hiroshima-“ und „Nagasaki-“ Atombomben („Little Boy“ und „Fat Man“) des „Manhattan-Projekts“ in etwa zeitparallel, d. h. 1943/45, auch eine deutsche Atombombe gab. Eine solche soll in Thüringen im Raum Arnstadt - Ohrdruf - Wechmar (damals eine recht menschenleere Gegend) entwickelt worden sein. Der Beleg: die Entdeckung eines Bombenkörpers mit Hilfe eines Bodenradargeräts. Dieser Bombenkörper ist durchaus vergleichbar mit demjenigen von „Little Boy“, also der über Hiroshima abgeworfenen Nuklearwaffe der Amerikaner. Das vorliegende Buch behandelt nun die Vorgänge um den Fund und die Auswirkungen hinsichtlich der Suche nach diesem Körper, sowie dessen Beseitigung durch bisher unbekannte Kräfte am 10. Juni 2016.

Das Buch machte glücklicherweise Zeitzeugen der damaligen Vorgänge auf unsere Forschungsarbeit aufmerksam und regte sie dazu an, uns mit Material und Beobachtungen rund um den Fund und weiteren Gegebenheiten im Rahmen dieses Projekts zu unterstützen.

Viele Publikationen anderer Autoren befassen sich mit tatsächlichen oder nur aufgebauschten, jedweder Realität entbehrenden Geheimnissen rund um das Jonastal, mit dem Truppenübungsplatz Ohrdruf und mit dem Gebiet rund um Arnstadt. Nicht jedes einschlägige Werk wird gelesen, manchmal kennt man derartige Veröffentlichungen erst gar nicht, weil sie oft nur im Selbstverlag erscheinen. Dabei findet sich unter diesen Publikationen nicht selten das eine oder andere „Goldkörnchen“. Sie enthalten dann Hinweise, die in Verbindung mit weiteren Informationen deutliche Spuren ergeben, die es wert sind, dass man ihnen nachgehen sollte. Doch Vorsicht bei vielen solcher Bücher, die angesichts ihrer mehr oder weniger deutlich erkennbaren ideologischen Grundhaltung bis Mai 1945 wahrscheinlich im Franz-Eher-Verlag[2] erschienen wären. Mit seriöser, erkenntnisgeleiteter historischer Forschung haben diese „Werke“ nichts mehr zu tun! Stolz auf die eigene Heimat und die eigene Geschichte: Ja! Engstirniger nationalistischer Dünkel und Chauvinismus: Nein, danke! Vor diesem Hintergrund hat das Autorenteam viele Bücher zu diesem Themenkomplex ausgewertet und über Querverweise interessante Übereinstimmungen entdeckt und neu bewertet.

Die Auswertung der Hinweise und die daraus resultierende Forschung im Raum Arnstadt - Ohrdruf - Wechmar soll wesentlicher Teil dieses Buches sein. Dass heutzutage immer noch mit allen Mitteln versucht wird, die Bauten im Untergrund aus der Zeit des Nationalsozialismus zu verbergen und somit die Geschichte zu verschleiern oder als Unsinn darzustellen, wurde schon im ersten Buch klargestellt. Dasselbe gilt natürlich auch für die notwendige Infrastruktur zur Forschung und Herstellung solcher Waffen. Bis heute wird alles darangesetzt, die Tatsache zu leugnen, dass es nicht nur in den USA, sondern auch im Deutschen Reich diese fortgeschrittene Technologie ge-

1 Focken, Christel, Rolf-Günter Hauk. 2017. Atombombe - Made in Germany. Königswinter.

2 Der Franz-Eher-Verlag war der Zentralverlag der NSDAP.

geben hat. Folglich werden uns auch die Fertigungs- und Forschungsstätten als Teil der deutschen Geschichte vorenthalten.

Wir erhielten nach dem Erscheinen unseres ersten Buches viel Zustimmung zu unserer Arbeit. Daraus ergaben sich viele weitere Kontakte mit zusätzlichen Informationen rund um den Bereich Jonastal, Arnstadt und Ohrdruf. So manches klang nach Phantasie, manches sogar nach Spinnerei. Es ist oft schwer, hier den Überblick und vor allem einen realistischen Filter zu behalten. Doch so lange keine validen Gegenbeweise auftauchen, so lange bleiben auch die schwerstverdaulichen Geschichten, die uns zu Ohren kamen, im Hinterkopf. Hier gilt der alte Forschergrundsatz:

„Solange nicht das Gegenteil bewiesen ist, kann es möglich sein."

Auch wenn etwas zunächst allzu sehr nach „Ufos" oder „Reichsflugscheiben" klingt, häufen sich dann bei näherem Hinsehen in verschiedenen Quellen ähnliche, in eine bestimmte Richtung zielende Aussagen. Dann kann man eine solche Erzählung nicht mehr als „Kokolores" abtun. Nein, man forscht weiter.

Für die Darstellung der örtlichen Zuordnung aller Objekte, egal ob vermutet oder bereits tatsächlich geortet, haben die Autoren auf der Basis von topografischen Karten im Maßstab 1:10.000 digital eine eigene Karte rund um den Truppenübungsplatz Ohrdruf mit allen wichtigen Orten neu erstellt. Alle für den Leser überflüssigen und somit verwirrenden Informationen wurden nicht berücksichtigt. In den neuen Karten konnten ferner mit Hilfe moderner Computertechnik Details themenspezifisch hervorgehoben werden. Die Karte unterstützt somit konstruktiv eine sachbezogene Auseinandersetzung.

Einleitung

Nachdem wir in „Atombombe - Made in Germany" nachweisen konnten, dass es mit den modernen Mitteln des Georadars möglich ist, im Erdboden verschollene Relikte vergangener Zeiten zu finden, fehlt jetzt natürlich noch der Nachweis einer zu deren Herstellung adäquaten Infrastruktur einschließlich der dazu erforderlichen Fabriken, um eine Nuklearwaffe zu bauen und sie mit atomarem „Sprengstoff" zu bestücken. In verschiedenen Veröffentlichungen wird nach wie vor davon ausgegangen, dass es solche Einrichtungen im und um das Jonastal gegeben haben muss. Allerdings werden Standorte zwar beschrieben, jedoch nur schemenhaft oder lediglich angedeutet. Diese Vorgehensweise führt dann dazu, dass solche Elaborate als Phantasie und Verschwörungstheorie dargestellt werden. Das Gleiche gilt ja auch für die als historisches Faktum dargestellte grundsätzliche Existenz deutscher Atombomben. Die aber konnten wir tatsächlich belegen und haben das auch publik gemacht. Jedoch schweigen dazu bis heute alle offiziellen Stellen.

Nun ist es uns gelungen, die damalige Infrastruktur im Jonastal und in der Umgebung weiter zu erforschen. Wir zeigen die einzelnen Standorte der Produktion nicht nur auf. Wir können unsere Forschungsergebnisse zudem mit den Aussagen von Zeitzeugen sowie mit Georadarmessungen und Luftbildern untermauern und bestätigen. Im Gegensatz zu manch anderen Büchern über das Jonastal bleiben wir nicht im Ungefähren, sondern benen-

nen die Orte und die Art der Fabrikationsstätten, die uns bis heute bekannt geworden sind. Auch Spekulationen um Funde binden wir ein. Wir bleiben uns also treu. Wo jedoch Zweifel bestehen, wird darauf hingewiesen.
Bis zu einer Fortsetzung, die bereits in Arbeit ist, hoffen wir auf neue Erkenntnisse oder Fakten, die es dann wert sein werden, dass man sie präsentiert.

Da wir davon ausgehen, dass sich viele Leser darüber hinaus auch für Informationen über die Atomwaffenforschung im mit dem Deutschen Reich verbündeten Japan interessieren, haben wir diesem Buch einen Abschnitt zu diesem Thema beigefügt, denn gerade im deutschsprachigen Raum ist über japanische Forschung nur wenig bekannt, obwohl Deutschland das Kaiserreich bei seinen Bemühungen unterstützte. Man denke nur an das geheimnisvolle Unterseeboot „U 234". Besonders interessant sind hierzu auch Informationen aus der Geheimakte „Ramona" des US-Geheimdienstes OSS[3], die wir hier nutzen.

In der praktischen Forschung ist die Arbeit im Gelände äußerst zeitaufwendig. Auch stellt sich immer wieder die Frage, welchen Hinweisen man folgt und wie schnell aus „Rauch auch Feuer" wird. Interessanterweise sind an manchen Orten nicht alle für unsere Forschung interessanten Stellen gut versteckt - oder sie wurden durch natürliche Erosion wieder sichtbar. Man muss nur auf einschlägige Strukturen im Boden achten, um Hinweise zur weiteren Suche zu finden.

Ein Beispiel:
Im Jonastal gibt es eine natürliche Höhle, die erst in den letzten Jahren verschlossen und seitens der Behörden obendrein auch regelrecht versteckt wurde. Die Stadt wollte damit Gefahren für etwaige Besucher beseitigen. Aber es gibt einen Weg, sich dennoch diesen Ort einmal anzuschauen. Fahren Sie dazu ins Tal und gehen zum Denkmal am Biensteinkopf. Zum Parken empfehlen wir den Parkplatz gegenüber diesem eindrucksvollen Berg. Begeben Sie sich dann hinter das Denkmal zur Steilwand. Der Eingang zur Höhle liegt auf halber Höhe im Hang. Doch dieser ist heute nicht mehr zu sehen. Genau dies ist indes gewünscht und das ist dann leider auch unser Problem. Staatliche Stellen haben die finanziellen Mittel, Zugänge noch heute so zu tarnen, dass ohne Hinweise auf deren Lage keine Chance besteht, diese zu finden. Nach unseren Erkenntnissen geht es vor allem um die Kostenfrage, denn keine Kommune hat die Mittel, eine (wieder-)entdeckte Anlage dauerhaft zu sichern und Altlasten zu beseitigen. Lieber belässt man diese im Boden. Oder man nutzt internationale gesetzliche Regelungen und versucht von daher, vorrangig die Amerikaner die Beseitigung von Altlasten (wie beispielsweise gewisse Bomben) durchführen zu lassen. Wir werten dies als einen indirekten Beweis für das Vorhandensein einer deutschen Atombombe unter der Oberfläche des Thüringer Bodens. Sonst hätten die Amerikaner sicher nicht die Aktion durchgeführt.

Noch heute versuchen sogenannte „Urban Explorers" - ernsthafte (Hobby-) Forscher, aber auch schnöde Schatzjäger - unermüdlich, Zugang zu den Höhlen und Stollen zu bekommen. Noch harren viele Rätsel rund um das Jonastal und die damalige deutsche Nuklear- und Kernwaffenforschung ihrer Lösung. So lange wird die Suche hier nicht erlöschen. Unsere Prognose: Öffentliche Stellen können sich darauf einstellen, sich auch in den nächsten

3 *Office of Strategic Services*

Jahrzehnten einen Schlagabtausch mit den „Explorers“ zu liefern. Es wäre deshalb besser, mit den Geheimnissen rund um Ohrdruf oder Arnstadt offen umzugehen. Die Verschwiegenheit und Geheimniskrämerei der Ämter und Behörden werden Grabungen und Suche nur noch weiter anfeuern.

Blick auf den Parkplatz gegenüber dem Biensteinkopf. Links neben der hellen Parkplatzfläche ist die Kompressorstation für den Tunnelbau zu erkennen.

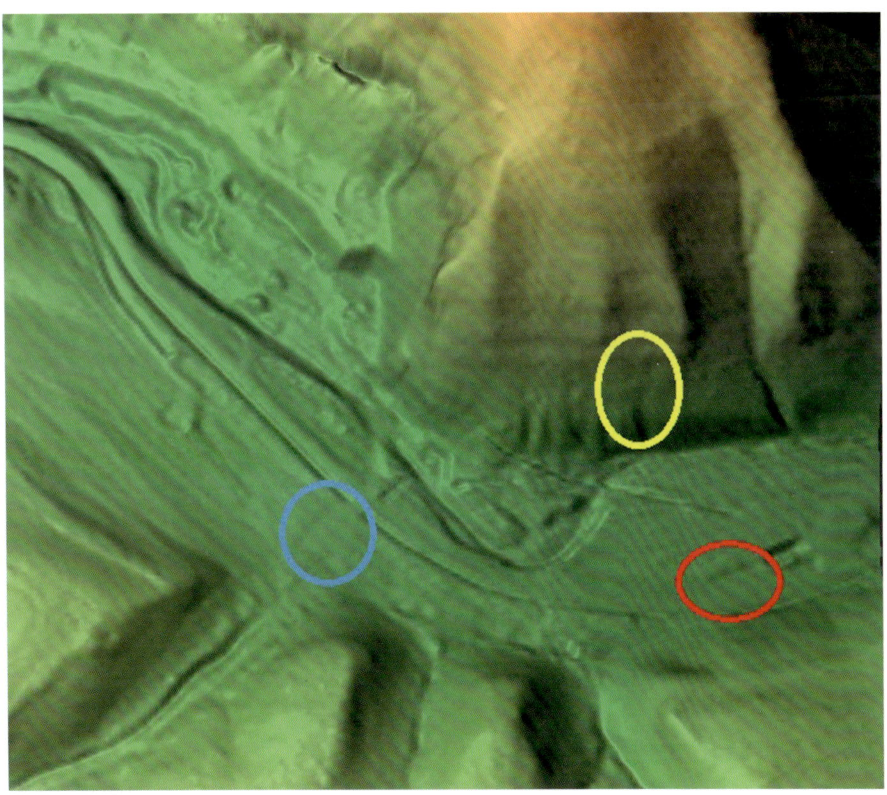

3D-Ansicht des Biensteins mit rechts eingesprengtem Tunnel (Bergkante). Der Parkplatz (blau) und das Denkmal (rot) sind direkt vor dem Bergsporn. Die natürliche Höhle befindet sich im gelben Bereich.

Das Denkmal für die Zwangsarbeiter.

Nur eine Öffnung sowie deren öffentlich zugängliche Dokumentation können den Drang zur Suche eingrenzen!

Andererseits sind alte getarnte oder versteckte Zugänge, die 70 Jahre der Witterung ausgesetzt waren, heute teilweise wieder erkennbar. Das damals verfüllte Material sackt im Laufe der Jahrzehnte nach und verdichtet sich. Strukturen werden damit wieder sichtbar. Dies sind dann Anhaltspunkte, wo man mit Hilfe alter Karten, Luftbilder und auch Geländeformationen vor Ort ansetzen und versuchen kann, Stollen oder sogar ganze unterirdische Bunker zu entdecken.

Der Hang hinter dem Denkmal.

Links und unten:
Die Informationen über die Höhle führen immer wieder zu Grabungen.
Diese Bilder entstanden am 15.12.2020 und zeigen eindeutige Grabungen auf der Suche nach dem Höhleneingang.

Eine große Hilfe waren für unsere Arbeit die sogenannten „Russenkarten“. Diese Bezeichnung stammt nicht von uns und dient nur dazu, den Karten einen Namen und möglicherweise auch einen Hinweis auf ihre Herkunft zu geben. Aller Wahrscheinlichkeit nach handelt es sich tatsächlich um russische Karten - so wurde es uns zumindest mitgeteilt, als wir die Karten zur Verfügung gestellt bekamen. Da wir für sie weder eine belegte Provenienz nachweisen können, noch einen Ansprechpartner bezüglich der Bildrechte haben, hat die Autorin sie am Computer nachgezeichnet. Ihre Arbeit ermöglicht uns damit, dem Leser Ausschnitte der Karten detailliert zu zeigen und mit den daraus resultierenden Entdeckungen und Georadarbildern in Verbindung zu bringen.

Aus technischen Gründen haben wir als Anlage eine Gesamtkarte des untersuchten Raumes gesondert beigefügt.

Das unbekannte Bohrteam

Nachdem unsere Arbeit über den Fund am Hamster (Name eines Berges bei Arnstadt) erschienen war, erhielt ich von einem Kollegen, der in Arnstadt wohnt, den Anruf, dass er um den 10. Juni 2016 herum im Bereich der Straße vom Jonastal zum Truppenübungsplatz Ohrdruf diverse Militärfahrzeuge mit niederländischen Armee-Kennzeichen und einer Erdbohrvorrichtung (Bohrturm) beobachtet hat, deren Besatzungen dabei waren, sich in das Erdreich vorzuarbeiten. Nach weiteren Gesprächen wurden uns anonym Fotos des Fahrzeugkonvois, der auf dem Bahnhof in Arnstadt stand, zugesandt. Aus juristischen Gründen haben wir auf den Abbildungen die Kennzeichen verdeckt. Interessant war aber der Umstand, dass das Begleitpersonal, in niederländische Uniformen gekleidet, im nahen Supermarkt einen Einkauf tätigte. Der Zeitzeuge (er möchte ungenannt bleiben) wies aber mit Nachdruck auf den Umstand hin, dass die Personen nicht nur wie US-Amerikaner aussahen, sondern auch untereinander Englisch mit eindeutig amerikanischem Akzent sprachen. Was also machten Amerikaner in niederländischen Uniformen mit niederländischen Fahrzeugen und Nummernschildern in Arnstadt?

Eine Erklärung für die Mischung der Nationalitäten wäre der juristische Status von ausländischen Militärangehörigen. Einen Hinweis erhielt ich direkt von der Bundeswehr. Einem Befragten (der ebenfalls anonym bleiben möchte) fiel auf, dass es nach dem „Zwei-plus-Vier-Vertrag“ keine Handlungsbefugnis für Amerikaner auf dem Territorium der ehemaligen DDR gibt. Somit hätten sich „offizielle“ US-Soldaten illegal aufgehalten. Als Niederländer wäre die Situation aber eine andere gewesen. Aber auch ein Hinweis zur Uniformnutzung erreichte uns, nämlich, dass diese nach internationalem Recht nicht zulässig sei. Personen in fremden Uniformen wären Kombattanten nach dem Kriegsrecht. Leider fehlt uns die juristische Kompetenz für ein endgültiges

Die Fahrzeugkolonne auf dem Bahnhof von Arnstadt erregte das Interesse des unbekannten Zeitzeugen.

Besonders auffällig war das an zweiter Stelle stehende Sonderfahrzeug mit einem ausfahrbaren Bohrgerät. Zwei Fahrzeuge weiter vorne steht ferner ein Bagger, also ebenfalls eine Erdbearbeitungsmaschine. Eine derartige Geräteausstattung ist bei den Pionieren (man beachte das taktische Zeichen auf dem Einachsanhänger) zwar durchaus üblich, doch wir betrachten die Kolonne im Zusammenhang mit den für uns wichtigen Ereignissen und den Zeitzeugenaussagen.

Urteil in so einem Fall. Merkwürdig ist es allemal.
Aber was geschieht nicht alles, um seine Geheimnisse zu schützen.

Hinweise auf den Zusammenhang zwischen dem Führerhauptquartier, den Uranwerken und der Atombombenproduktion

Hinweise hierzu finden sich vor allem in den umstrittenen „Rittermannbriefen". Wir weisen an dieser Stelle ausdrücklich darauf hin, dass diese Quelle von vielen Autoren und Forschern in Frage gestellt wird. Leider geht aus deren Quellenkritik nicht hervor, was sie genau in Zweifel ziehen. Nach letzten Erkenntnissen soll ein namhafter Autor diese selbst erfunden und geschrieben haben, also ein ähnlicher Vorgang wie die „Konstantinische Schenkung" oder die berüchtigten „Protokolle der Weisen von Zion". Allerdings ist hier der Sinn unbekannt, da der Inhalt tatsächlichen Ereignissen entspricht, die von anderen Zeitzeugen bestätigt wurden.

Für die Darstellung der eigentlichen Abläufe in der Region passen die Auszüge dennoch zu perfekt, um ausgeschlossen zu werden. Daher haben wir uns entschlossen, diese Quelle nicht auszuschließen, weisen aber auf unseren Zwiespalt hin.

Die folgenden Zitate stammen aus: König, Hans-Joachim. 2005. Zeugnisse: Arnstadt, das Jonastal und das Dritte Reich. Berichte, Aussagen, Fotos. König.

[...] wurde der Oberbürgermeister der Stadt Arnstadt, Herr Huhn, zum Gauleiter von Thüringen, Fritz Sauckel, nach Weimar bestellt.

> **[...] Am ersten Teil der Beratung, wo es um Verpflichtungen der Sicherheit ging, waren im Vorzimmer: Dr. E., der Rechtsanwalt von Herrn Göckel, Dr. Huber (Göckel war General des Truppenübungsplatzes Ohrdruf), Dr. Bosecker von der Reichspost und ich. An der großen Beratung nahmen wir alle teil. Anwesend waren dazu: Gauleiter Sauckel, SS-Obergruppenführer Hans Lammers, SA-Obergruppenführer Fritz Reinhardt, SS-Gruppenführer Kammler, Prof. Walter Gerlach, Dr. Kurt Diebner, Dr. Ohnesorg (Reichspost), Oberst Gustav Streve, General Göckel, OB Huhn und weitere sechs SS-Leute, welche mir unbekannt waren. Zur Beratung gelangte noch Generaloberst Alfred Jodl mit einer Führernachricht.**

Anmerkung der Autoren:
SS-Gruppenführer Kammler, Prof. Walter Gerlach, Dr. Kurt Diebner, Dr. Ohnesorg (Reichspost) sind Schlüsselfiguren im deutschen Atomprogramm.

Besondere Aufmerksamkeit gebührt dem weiteren Teil im Text:

> **Der Führer hat von seinem FHQ [aus] das OKH, die Forschungszentralen und die Produktionsstätten der modernsten Technik in seiner Hand. Aus diesem Grund gibt es auch fast keine schriftlichen Befehle, [und] falls doch, sind diese sofort nach dem Erhalt zu vernichten.**
> **Der Führer, Adolf Hitler, würde im Ernstfall in das noch nicht ganz fertig gestellte Hauptquartier, welches ca. 3,5 km westlich von Arnstadt sich befindet, ziehen.**

Zusammengefasst:
- Wir erhalten weitere Indizien, die zu den bisherigen Darstellungen der anderen Zeitzeugen Luftbilder und Karten hinweisen.
- Der im Bereich zwischen Arnstadt, Holzhausen und Bittstädt gelegene Bunkerkomplex und seine Funktion werden deutlicher.

Der Zeitzeuge David Hans Hoffmann gibt in seinem ausführlichen Bericht Folgendes an:

> **Hitler und ein Teil des Stabes waren vom 22. März bis 28. März 1945 im FHQ. Am 27./28. März 1945 fand Hitlers letzte große Beratung und Konferenz hier statt. Dabei war der Schwerpunkt der Einsatz der Siegerwaffe und der Transport der Waffe zum Abwurf auf Amerika. Speer war dabei gegen Hitlers Absichten, die Siegerwaffe einzusetzen und sagte wörtlich:**
>
> **„[...] haben wir nicht schon genug Tote und zuviel Leid beim Volk, wie groß ist unser Reich noch [...]".**
>
> **Hitler war auf Speer ungehalten, mehr noch, als er dabei erfuhr, dass die Reichspost mit dem Forschungsrat und der Heeresforschungsgruppe unter Dr. Diebner gemeinsam gearbeitet haben, dies auch Kammler wußte, und bereits drei Versuche ohne sein Wissen stattgefunden haben (so bei Röhrensee, bei Neuruppin/Glewe und ein Transportunfall östlich von Salzburg).**

Fazit:
Wir können davon ausgehen, dass es eine besondere unterirdische Anlage in der Nähe von Arnstadt gegeben haben muss. Ein Zusammenhang zwischen einem FHQ als Unterkunft für Hitler und einer „Siegerwaffe“[4], mit der auch die USA erreicht werden konnten, wird hier erkennbar.

Die Atomexplosion auf dem Truppenübungsplatz

Am 4. März 1945 sowie noch einmal am 12. März erfolgten auf dem Truppenübungsplatz Ohrdruf im nördlichen Bereich zwei Explosionen, die bis heute ungeklärt sind. Zeitzeugen und auch Geheimdienste berichten von Explosionserscheinungen wie sie später aus Hiroshima beschrieben werden.

Allerdings werden in den Beschreibungen deutlich kleinere Auswirkungen und Folgen geschildert. Bereits in früheren Publikationen erzählen Zeitzeugen von Explosionen auf dem Truppenübungsplatz Ohrdruf, die auf Kernwaffentests schließen lassen. Vor allem waren es nicht einzelne Personen, die sich möglicherweise besonders wichtig machen wollten, sondern sehr viele und vor allem unabhängig voneinander. Dies macht deren detaillierte Aussagen über die Ereignisse besonders eindrucksvoll. Eingegangen in die Geschichte sind die verwendeten Zeitzeugenaussagen als „Wachsenburg-Protokolle“.

Die Hintergründe für die Entstehung der Protokolle entnehmen Sie bitte der Arbeit von Hans-Joachim König[5]. Wir möchten uns ausschließlich auf die Inhalte der Zeitzeugenaussage zu unserem Thema beziehen.

4 Vom Zeitzeugen geprägter Begriff.

5 König (2005)

Befragung von Cläre Werner:

„[...] wie hunderte von Blitzen [...]“
„[...] verboten, etwas über die Blitze zu sagen.“
Ich habe zu der Frage schon alles dem Schörnig gesagt, als er mit den Herren von Berlin im Dezember 1961 hier auf der Burg war. Schörnig kennt ja die Burg gut, er hat ja 1945 mit den Russen die Burgsammlung vernichtet.
Ich hatte nichts mit Herrn Rittermann, er war ein guter Freund der Familie und war oft sonntags zum Kaffee bei uns. Hans war bei der Stadt im Bauamt tätig und trug nie eine Uniform, auch keine der SS. Er hatte immer einen Anzug an und war mit seinem Fahrrad auf der Burg, nie im Auto. Er hat uns auch nach 1945 geholfen, konnte uns aber nicht gegenüber von Schörnig und Querengeser helfen, als sie das Museum klein machten. Er half uns mit einigen russischen Armisten beim Neuaufbau der Restsammlung. Auch war er oft mit dem Oberstleutnant Martemjanow, Hermann Steudner, Leutnant Kajanow, Artur Kott und Seifferth zur Beratung bzw. Kaffee bei uns auf der Burg.

Die Namen habe ich nicht dem Schörnig genannt, da er ja sagt, ich habe etwas mit den Nazis gehabt und sei mit Hans ins Bett gegangen. Ich hatte nur Freundschaften mit Männern, nichts anderes. Auch dies habe ich schon alles gesagt. Ich kann mich noch gut an den Tag erinnern. Es war der 4. März 1945. Für den Tag hatten wir eine Geburtstagsfeier für den Abend, diese wurde aber kurzfristig abgesagt. Am Nachmittag war der BDM von Gotha auf der Burg. Hans war auch da und half uns noch, dann sagte er uns, dass heute auf dem Übungsplatz Weltgeschichte geschrieben wird. Es wird etwas gemacht, was es auf der Welt noch nicht gegeben hat. Wir sollen am Abend auf den Turm gehen und in Richtung Röhrensee schauen. Er wisse auch nicht, wie das neue Ding aussehen wird. So waren wir ab 20 Uhr auf dem Turm. Nach 21 Uhr, gegen 21.30 Uhr, war hinter Röhrensee mit einmal eine Helligkeit wie hunderte von Blitzen, innen war es rot und außen war es gelb, man hätte die Zeitung lesen können. Es war alles sehr kurz und wir konnten dann alle nichts sehen, wir merkten nur, dass es eine mächtige Sturmboe gab, aber dann alles ruhig war. Ich, wie auch viele Einwohner von Röhrensee, Holzhausen, Mühlberg, Wechmar und Bittstädt hatten am anderen Tag oft Nasenbluten, Kopfschmerzen und auch einen Druck auf den Ohren. Am Nachmittag, gegen 14 Uhr, waren so zwischen 100 und 150 SS-Leute auf einmal auf der Burg, sie fragten, wo die Leichen seien, wo sie hingebracht worden sind und wer schon da war. Wir wußten von nichts und sie fragten uns, ob sie hier im Objekt Burg seien. Ich sagte ihnen, sie seien hier auf der Veste Wachsenburg, die im Volk immer nur als Burg bezeichnet wird. Ein Kradfahrer gab eine Meldung ab, dass die Burg über Ringshof zu erreichen wäre. Daraufhin fuhren die Autos von der Burg nach Mühlberg. Ich sah vom Turm, dass sie dann zum Übungsplatz fuhren.
Bei der zweiten Explosion war Hans mit einigen Leuten auf dem Turm, wir waren nur im Turmzimmer. Es war am 12. März 1945 gegen 22.15 Uhr. Es war nicht eine so große Helligkeit wie das erste Mal. Auch hatten wir kein Nasenbluten usw. Für die Ortschaften und auch für uns hat es damals bereits um 21 Uhr Fliegeralarm gegeben und dieser ging bis 23.11 Uhr. Hans war mit den Leuten die ganze Nacht noch auf der Burg. Über was sie sprachen, kann ich nichts sagen. Auch hatte er uns verboten, etwas über die Blitze zu sagen. Woher die Leute waren, kann ich nicht sagen, da sie aber alle Hans kannten, müssen sie von der Reichspost und dem Reichsforschungsrat gewesen sein. Sie hatten keine Uniformen an und nur wenige hatten das Parteiabzeichen am Rock. Was mich sehr gewundert hat, war am Morgen. Hans und ein Freund haben alle Gläser selbst gewaschen und die Raucherreste nahmen sie in Tüten mit. Hans sagte, man kann ja nie wissen.

Am 16. März 1945 war ein weiteres Ereignis. Auch hier gab es gegen 21 Uhr Fliegeralarm für unser Gebiet. Hans war dazu wieder mit einigen Freunden auf dem großen Turm, auch wir konnten mit hoch. Diesmal hatten die Leute Ferngläser mit und es wurde nicht in Richtung des Übungsplatzes gesehen, sondern in Richtung Ichtershausen. Dort wurde es gegen 23 Uhr sehr hell, es war aber nicht so wie die beiden Male davor, sondern es stieg etwas gegen den Himmel mit einem großen Feuerschweif, es ging immer höher, aber es entfernte sich von uns in Richtung Norden. Die Leute fielen sich in die Arme, wir haben es, Hurra wir sind die Größten, wir sind unbesiegbar usw. Die ca. 15 Leute feierten bis zum Morgen. Hans verbot uns wieder alles Gesehene und sagte nur, wir waren bei einer weiteren Sache dabei, welche in der Welt einmalig sei und in jedem Geschichtsbuch stehen wird.

Wir hatten außer Herrn Rittermann keinen anderen Gesprächspartner, nur Pfarrer Lämmerhirt hat ab und zu mit uns gesprochen. Er hat auch oft mit Hans gesprochen.
Wo die Punkte genau waren, kann ich heute nicht mehr sagen, es war ja immer dunkel gewesen. Auch von den anderen Leuten habe ich keinen mehr in meinem Leben gesehen. Auch habe ich keine Ahnung, wo heute Herr Rittermann ist, ob er noch lebt usw. Er war Anfang Oktober 1947, es kann aber auch 1948 gewesen sein, nochmal auf der Burg und gab mir ein russisches Schreiben von Leutnant Kajanow, welches ein Schutzschreiben für uns und die Burg war.
Vorgelesen und mit Unterschrift beglaubigt:

Die Befragung erfolgte im Turmzimmer der Wachsenburg am 16. Mai 1962. Anwesend waren Gen[osse] G. Schneider, Gen. Dr. Wolf, Gen. P. Schneider, Gen. Schnerz, Gen. Hampel, Koll[ege; er war also kein Mitglied der SED] Leber. Die Schriftführung erfolgte durch die Gen[ossen] Herdegen und Koll[ege]n Heinze.

Cläre Werner (1913 bis 2003) war als Burgdame auf der Veste Wachsenburg beschäftigt.

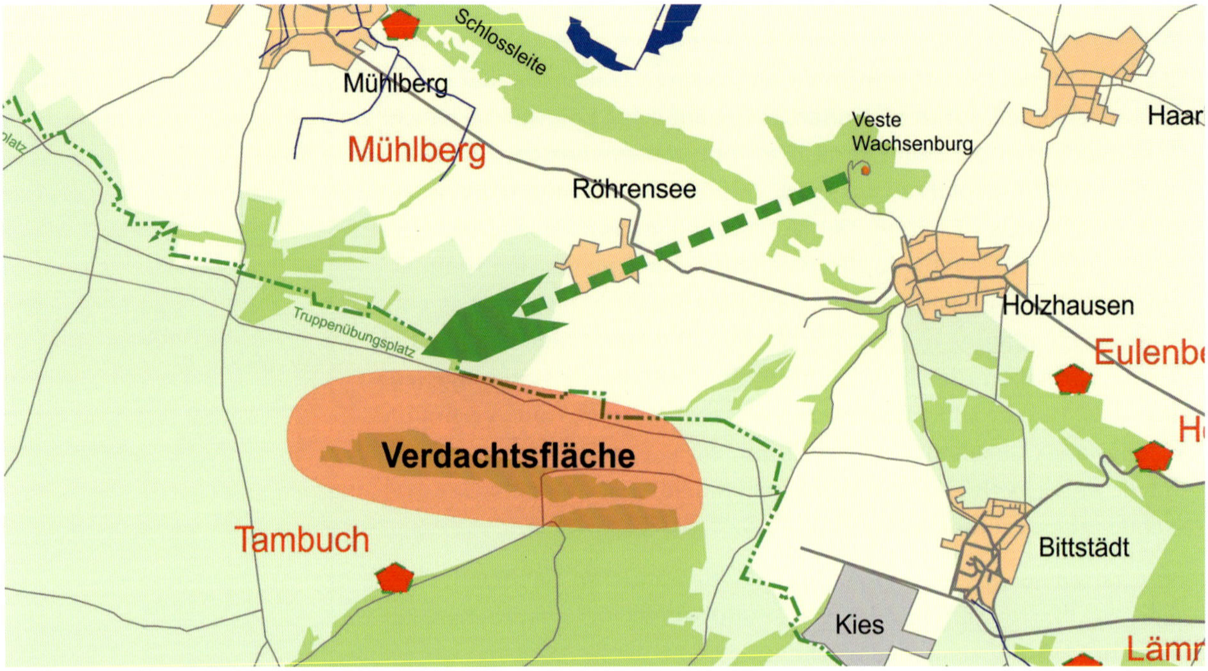

Analysiert man die Aussage von Cläre Werner, dann zeigt ihre Blickrichtung (grüner Pfeil) in Richtung der Verdachtsfläche, die auch in vielen anderen Büchern erwähnt wird.

Über die Region, wo die nukleare Detonation stattgefunden hat (oder stattgefunden haben soll), sind sich alle Forscher mittlerweile einig. Für den tatsächlichen „Ground Zero"[6] gibt es indes noch keine genauen Hinweise, jedoch wurden in den vergangenen Jahren diverse Untersuchungen auf den Weg gebracht. Offizielle bzw. behördliche, aber auch private Messungen der Radioaktivität und der Isotopenzusammensetzung haben bislang aber noch zu keinem Ergebnis hinsichtlich des exakten Detonationsortes geführt. Offiziell ist der Ort bis heute nicht bekannt.

6 *Ground Zero: Bezeichnung für das Zentrum einer Nukleardetonation.*

Blick über die Wachsenburg in Richtung Röhrensee wie ihn auch Cläre Werner gehabt haben muss.

Einen weiteren Hinweis findet sich in der Aussage von Heinz Wachsmut:

„[...] Hautblasen, Feuerblasen [...]"

„[...] Es gab keine Listen über verstorbene [...]"

Unsere Aufgabe: wir waren 6 Deutsche und hatten zur Hilfe 18 Häftlinge, darunter 7 Ungarn, 5 Polen und 4 Russen. Es waren alles Techniker, sie trugen keine Häftlingsanzüge, sondern Felddienst und wurden auch mit uns verpflegt. Unsere Hauptaufgabe war, Tarnungsarbeiten durchzuführen. An gelandeten Flugzeugen, an Objekten, an Transportgut, welches nicht immer sofort eingelagert werden konnte und auch zu Hilfsarbeiten, wenn zu viele Häftlinge verstorben waren. Dazu mußten wir oft Holzhaufen errichten, wo die Leichen dann daraufgelegt und angezündet wurden. Es gab keine Listen über die verstorbenen Häftlinge. Ein Tag der immer in meinem Leben mir Bilder vor die Augen macht, war der Nachmittag des 5. März 1945.
Wir mußten in der Polte Rudisleben Gerüste errichten für einen Großversuch, welcher in wenigen Tagen stattfinden sollte. Am Nachmittag fuhr die SS mit LKWs vor, eigentlich hatte die uns ja nichts zu sagen, da wir ja immer mit Sonderbefehlen arbeiteten, welche immer die Stempel der Reichspost bzw. des Forschungsrates trugen und nach dem Lesen sofort vernichtet werden mußten. Es war ein Befehl, der die Unterschrift von Kammler trug. Wir mußten alles Holz, was verfügbar war, aufladen, die Fahrt ging nach Röhrensee, dort waren einige SS-Ärzte tätig, da eine große Anzahl der Einwohner Kopfschmerzen hatte und Blut spuckte. Wir waren dort falsch und wurden sofort nach Ringhofen bei Mühlberg gebracht. Dort wurde uns gesagt, wir müssen Holzhaufen am Waldrand errichten, ca. 12 x 12 m und nur höchsten 1 m hoch, dazu mußten wir voll Schutz tragen, auch unsere Häftlinge. Am Waldrand sahen wir schon einige Haufen von Menschenleichen, die wohl ehemalige Häftlinge waren. Die Menschen hatten alle absolut keine Haare mehr, teils Kleidungsteile aber auch zum Teil Hautblasen, Feuerblasen, nacktes rohes Fleisch, teilweise waren einige Teile nicht mehr vorhanden. SS und Häftlinge brachten die Leichen an. Als wir die ersten 6 Haufen fertig hatten, wurden die Leichen daraufgelegt, je Haufen ca. 50 Stück und Feuer gelegt. Wir wurden zurückgefahren. Im Gut mußten wir den Schutz und unsere gesamte Kleidung ausziehen. Diese wurde ebenfalls sofort von der SS angezündet, wir mußten uns waschen und erhielten neue Kleidung und neuen Schutz, dazu jeder eine Flasche Schnaps, auch unsere Häftlinge. Ein hoher SS-Mann sagte mir, es habe da oben gestern eine große Stichflamme gegeben, man hat etwas Neues gemacht, davon wird die ganze Welt sprechen und wir Deutschen sind die Ersten. Leider sei dabei einiges nicht so gelaufen wie geplant und einige Nichtsnutze habe man weniger. Beim 2. Einsatz wurden nochmals 3 Haufen errichtet. Dabei sahen wir, wie aus dem Wald einige völlig unmenschliche Lebewesen angekrochen kamen. Wahrscheinlich konnten einige nichts mehr sehen. Pause. Ich kann es auch heute nicht beschreiben. Von zwei SS-Leuten wurden diese ca. 12-15 Menschen sofort erschossen. Ob sie wirklich schon erschossen waren, kann ich nicht sagen, da einige doch noch den Mund bewegten. Sie wurden bzw. mußten von anderen Häftlingen auf die in Flammen stehenden Haufen getragen werden. Wir wurden wieder zum Gut gebracht und es wiederholte sich alles. Gegen 23 Uhr fuhren wir zurück zur Polte. Am Waldrand waren 14 Feuerstellen zu sehen. Wir konnten an diesen und den nächsten Tagen nichts essen, es gab für uns und die Häftlinge immer wieder Schnaps. Einer unserer russischen Häftlinge sagte uns, er habe einen der Erschossenen noch verstanden, „[...] großer Blitz - Feuer, viele sofort tot, von der Erde einfach weg, nicht mehr da. Viele mit großen Feuerwunden, viele blind, Gruß an Mutter von Olek Barto nach Gurjew [...]". Unser Häftling hat mir 1952 geschrieben, dass er wirklich den Gruß an die Mutter geben konnte. Soviel zur Beantwortung dieser Frage. Dazu ich habe auch heute noch zu 4 ehemaligen Häftlingen Verbindung.

Vorgelesen und mit Unterschrift beglaubigt:

Anmerkungen zur Stärke der atomaren Detonation auf dem Truppenübungsplatz

Vor dem Erscheinen der Arbeit von Rainer Karlsch „Hitlers Bombe“ wurde von vielen bezweifelt, dass es sich um eine atomare Detonation gehandelt haben könnte, denn ihre Stärke sei zu gering gewesen. Dabei führten die Kritiker als Argument das TNT-Äquivalent der Stärke der Hiroshima-Bombe an, denn nur diese sei eine „richtige“ Atombombe gewesen.

Genauere und vor allem ins Detail gehende Überlegungen zu den Vorgängen auf dem Truppenübungsplatz zeigten, dass solch kleine atomare Detonationen technisch durchaus machbar sind und das Wissen darüber den deutschen Forschern auch bekannt war.

Nachfolgend führen wir noch einmal einige Argumente an, die Rainer Karlsch und Heiko Petermann erarbeitet und als Herausgeber eines weiteren Bandes zur Geschichte der deutschen Nuklearforschung im Zweiten Weltkrieg mitpubliziert haben. In ihrem hier veröffentlichten Aufsatz versuchen drei Autoren, die Stärke der Kernwaffe zu ermitteln, die auf dem Truppenübungsplatz detonierte. Einig sind sie sich darin, dass das Ereignis wesentlich weniger Sprengkraft hatte als die Hiroshima-Bombe. Karlsch spricht dabei im Vergleich zu „Little Boy“ von einer tausendfach größeren Energiefreisetzung. Für die „Thüringen-Bombe“ errechnet er eine Energiefreisetzung respektive Sprengkraft zwischen 10.000 und 16.000 Tonnen herkömmlichen TNTs. Er geht ferner davon aus, dass dafür eigentlich nur ein so genannter hybrider Kernsprengsatz in Frage kommt. Bei dieser Art von Atomwaffen handelt es sich um Sprengkörper, die gleichzeitig Kernspaltungs- und Kernfusionsvorgänge nutzen. Dem widerspricht jedoch die Aussage der Augenzeugin Cläre Werner, denn sie meint sich eindeutig daran zu erinnern, dass nach der „Explosion“ eine „mächtige Sturmboe“ aufgetreten sei. In diesem Fall wären 10.000 bis 16.000 Tonnen TNT technisch unrealistisch. Auch der im GRU-Bericht[7] zur „Explosion“ erwähnte Radius von fünfhundert bis sechshundert Metern, in

7 *GRU: „Glawnoje Raswedywatelnoje Upravlenjie“, Bezeichnung für den sowjetischen (heute russischen) Militärnachrichtendienst.*

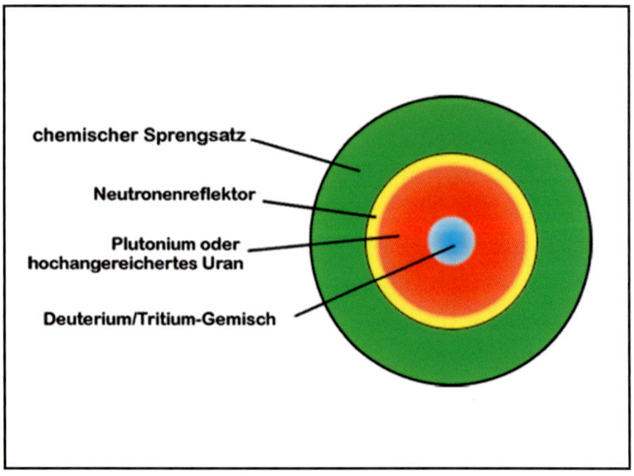

Darstellung der Funktion. Der hochexplosive Sprengstoff, der sich außen als Mantel um den Kernsprengstoff befindet, presst den Kernsprengstoff zusammen und löst damit die Kettenreaktion aus.

Einzelheiten zur Deuterium-Deuterium-Reaktion

D = Deuterium, T = Tritium, He = Helium
Deuterium und Tritium sind Wasserstoff-Isotope.
Zwei Reaktionsvorgänge sind etwa gleich häufig:

$$D + D \rightarrow p + T + 4{,}0\ MeV$$
$$D + D \rightarrow n + 3\,He + 3{,}3\ MeV$$

Das Schwere Wasser ist für die Deuterium-Deuterium-Fusion zuständig. Bei dieser Fusionsreaktion werden Neutronen freigesetzt, die die Kernreaktion beschleunigen.

dem Bäume gefällt wurden, lässt auf eine höhere Sprengwirkung schließen. Untersucht man diese Informationen über die Luftdruckwelle eingehender, so kommt man zu dem Ergebnis, dass die Detonationsstärke zwischen 100.000 und 200.000 Tonnen konventionellen Sprengstoffes betragen haben muss.

Zwei russische Wissenschaftler, Mineev und Funtikov, diskutieren in einem weiteren Beitrag ebenfalls die Energiefreisetzung und den Aufbau der Bombe. Beide kommen zu dem Ergebnis, dass die Sprengkraft in einer Größenordnung von 1.000 Tonnen TNT gelegen haben muss. Der Aufbau der Bombe könnte nach dem Booster-Prinzip funktioniert haben. Somit hätte der Sprengsatz aus schwach angereichertem Uran U 235 (maximaler Anreicherungsgrad: 40 Prozent) und so genanntem „Schwerem Wasser" (Deuterium) bestehen können, wobei das Schwere Wasser für die Deuterium-Deuterium (D-D)-Reaktion, also die Fusionsreaktion, zuständig war. Gezündet worden wäre die „Bombe", indem das Uran und das Deuterium von einer beide Komponenten umhüllenden hohlkugelartigen konventionellen Sprengstoffladung umgeben waren. Deren Explosion hätte eine Implosion ausgelöst, die wiederum die nukleare Kettenreaktion in Gang gesetzt hätte.

Die Zündung einer Kernwaffe (nach dem Kernspaltungsprinzip) ohne eine ausreichende kritische Masse kann mit Hilfe eines speziellen physikalischen Tricks erfolgen: Durch die Implosion des konventionellen Sprengstoffes, der den Kernsprengstoff umschließt, wird zunächst eine Kernfusionsreaktion ausgelöst. Das Schwere Wasser im Sprengsatz sorgt für eine Erhöhung des Wirkungsgrades bei der Erzeugung von Neutronen im jetzt einsetzenden Kernspaltungsvorgang. Dies verstärkt die Detonationskraft auch einer kleineren Menge Uran 235.

Weitergehende Informationen über hybride Kernsprengsätze und Kernfusion können dem Buch „Kernfusion und Kernwaffenentwicklung" entnommen werden.

1 Das Uranwerk ostwärts von Gossel

In Gesprächen im Kollegenkreis fällt auffallend häufig der Begriff „Uranfabrik“ bzw. „Uranwerk“, die bzw. das sich im Raum Gossel, einem seit 2019 eingemeindeten, etwa 500 Einwohner zählenden Ortsteil der Landgemeinde Geratal im Ilm-Kreis (Thüringen) befunden haben soll. Auch auf den bereits erwähnten „Russenkarten“ sind diese verbunkerten Anlagen eingezeichnet.

Möglicherweise haben wir es hier aber mit einer Selffulfilling Prophecy zu tun. Zumindest war das unser erster Gedanke, als wir uns näher mit diesem Thema befassten – mit durchaus angebrachter Skepsis übrigens. Andererseits gibt es eben diese Karteneinträge mit den vier Bunkern samt Verbindungsstollen tatsächlich. Hier beginnt eine der vornehmsten Aufgaben für einen Historiker: die Quellenkritik. Was sind diese Karten wert? Wie hoch sind ihr Wahrheitsgehalt und damit ihre Validität einzuschätzen? Oder sind es Fakes? Blasphemische Fragen aber für jemanden, der unreflektiert dieses Feld bearbeitet und von vorneherein von unbestrittener historischer Authentizi-

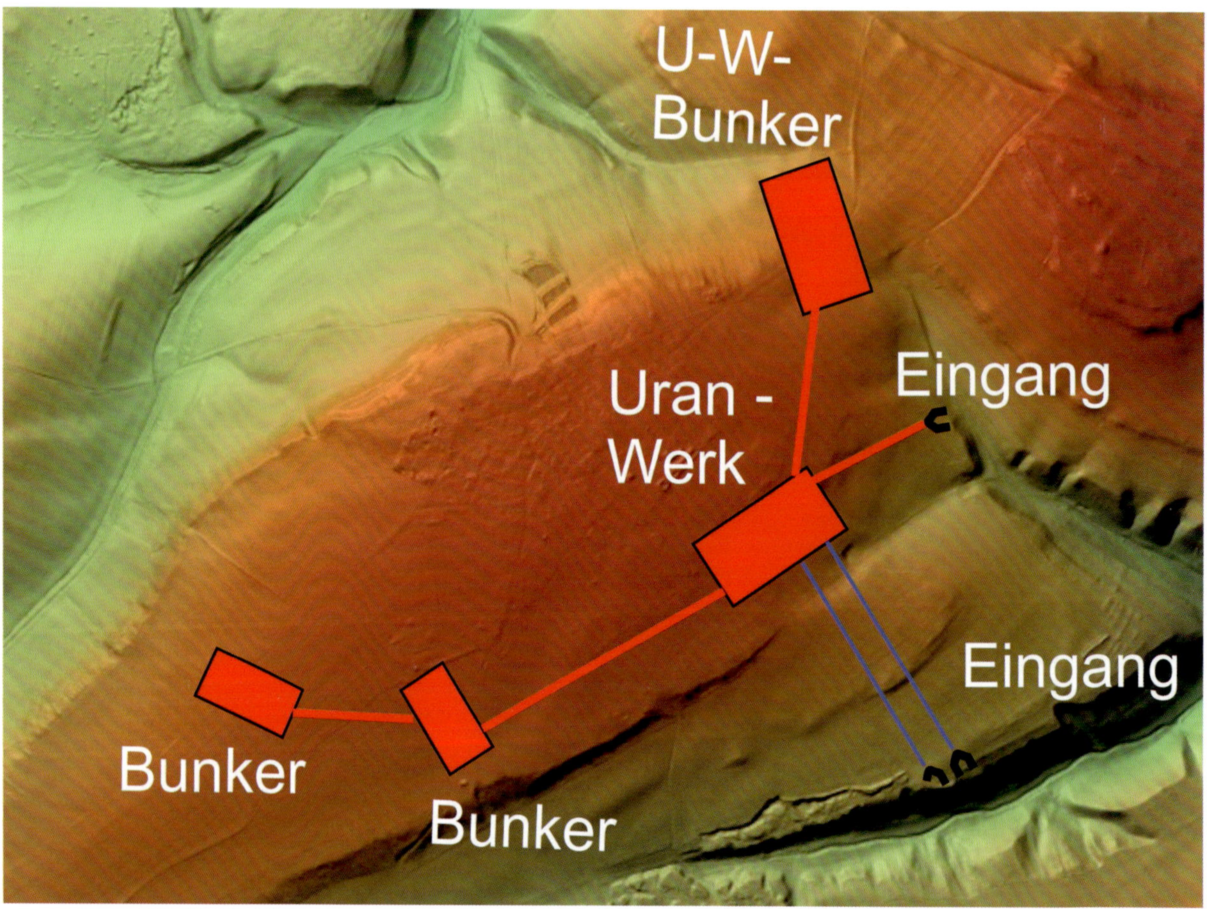

Blick über den Bereich des Ortes Gossel (digitales Geländemodell), unter dem sich das Uranwerk mit den Bunkern (originale russische Kartenbezeichnung) befinden soll.

tät ausgeht und diese Karte als unwiderlegbares Indiz einstuft. Wir dürfen also nicht von dem Gedanken geradezu kritiklos besessen sein und meinen, nur weil „ich eine Karte gesehen habe, ist das gesehene Objekt (Bunker) auch da." So funktioniert seriöse historische Forschung nicht!

Den Angaben zur Provenienz der hier benutzten Karten mit angeblich russischem Ursprung zufolge sollen sie aus Beständen der sowjetischen Streitkräfte und Geheimdienste stammen. Das Wissen, das auf ihnen abgebildet ist, soll in den Jahren ab 1945 bis zum Abzug der Roten Armee aus Deutschland erlangt worden sein.[8] Zu den Objekten auf den Karten kommen wir noch später.

8 Im Zuge der Umsetzung der Vereinbarungen im Zwei-plus-Vier-Vertrag zogen zwischen 1991 und 1994 546.000 Angehörige der „Gruppe der sowjetischen Streitkräfte in Deutschland" (GSSD), also des seit 1945 in der SBZ (sowjetische Besatzungszone) respektive DDR stationierten Teils der Roten Armee, aus dem Gebiet der seit 1990 ehemaligen DDR ab. Ganz nebenbei: eine diplomatische und logistische Meisterleistung der damals politisch und militärisch Verantwortlichen.

Das Unterfangen, die „Russenkarte" vollständig neu zu zeichnen und somit gleichzeitig auch die Möglichkeit zu schaffen, sie digital in verschiedene Programme einbinden zu können, hat uns in der Folge zu vollkommen neuen Ansichten und auch Verbindungen zwischen den einzelnen, bislang isoliert betrachteten Indizien geführt. Als das digitale Geländemodell mit dem Ausschnitt, auf dem die Bunker eingezeichnet sind, überdeckt wurde, passte unsere Eingangsvermutung, nach der es diese Werke tatsächlich gab, so gut mit unseren bisherigen verifizierten Erkenntnissen überein, dass ein Irrtum oder gar ein (möglicherweise bewusst „eingebauter") Fehler in der Karte von uns nicht mehr in Erwägung gezogen wird. Nach der quasi bestandenen Quellenkritik folgt nun der „kriminalistische" Part: Wir müssen die Angaben auch beweisen.

Eine solche Übereinstimmung kann kein Zufall sein. Allein - und darauf weisen wir ausdrücklich hin - die Lage der Bunker zueinander und die Position im Gelände können sich noch verschieben. Die hier gezeigte Anordnung

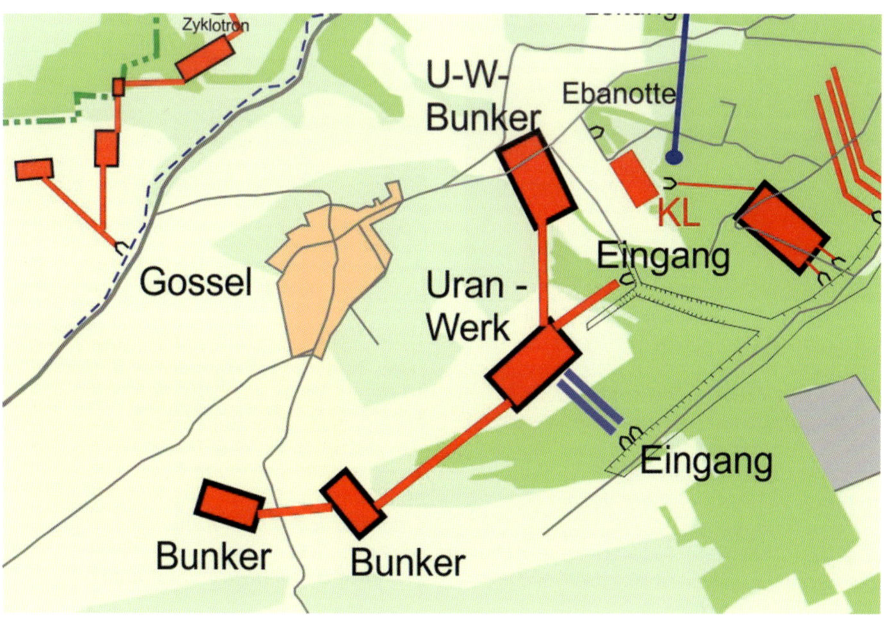

Auszug aus der „Russenkarte". Die Anordnung der beschriebenen Bunker und deren Bezeichnung weisen auf das von den Zeitzeugen beschriebene Uranwerk hin.

stimmt mit der „Russenkarte“ vollständig überein. Jedoch sind die Eingänge (blau) noch nicht bestätigt. Es macht also keinen Sinn, bereits jetzt den Spaten herauszuholen!

Auf der Karte ist das Uranwerk mit zwei Bunkern ostwärts von Gossel und zwei weiteren südlich der Ortschaft eingezeichnet. Die Bezeichnungen lauten „Uranwerk“ und „U-W-Bunker“. Die Koordinaten lauten (im Uhrzeigersinn von Ost nach West):[9]

N 50°48´01 - O 10°51`42
N 50°47`42 - O 10°51`43
N 50°47`29 - O 10°51`07
N 50°47`30 - O 10°50`41

Die angegebenen Positionen sind Mittelwerte, sie entsprechen den in den Karten verzeichneten Standorten.

Hinweise zu unserer Feldsuche:
Bei großen Flächen, auf denen sich Objekte wie beispielsweise Bunker befinden können, setzten wir zunächst das Magnetfeldmessgerät von „Tero Vido“ ein. Es bietet eine schnelle Möglichkeit, Anomalien im Boden aufzuspüren.

Mit dem Georadargerät ausgerüstet entwickelten wir für den Scan der Fläche folgendes System: Wir teilten sie in fünf Streifen mit in der Regel jeweils 20 mal 10 Metern ein; die Abstände dazwischen betrugen zwei Meter. Der Computer erstellte dann aus den einzelnen Messpunkten ein Gesamtbild.

Laut Karte gibt es zwei Zugänge, und zwar ostwärts und südostwärts des ersten Bunkers. Alle Bunker sind miteinander verbunden und haben vermutlich einen Hauptstollen unter der Jonastalstraße hindurch als Verbindung zu weiteren Anlagen auf dem Truppenübungsplatz.

9 Nach dem Koordinatensystem von Google Maps.

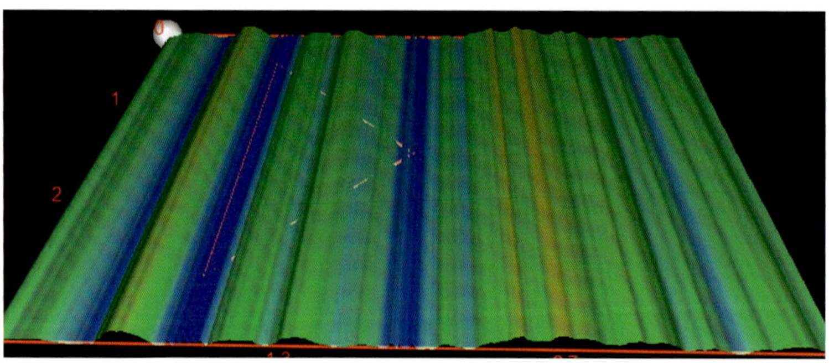

Messbild an derjenigen Stelle, an der wir eine weitere Messung mit dem Georadar für sinnvoll hielten. Die beiden deutlich hervorgehobenen blauen Linien weckten unsere Neugier, denn die Darstellung ist kein Messfeld, sondern nur eine einfache Strecke über das Gelände. Vorher gab es keine auffälligen Anzeigen auf dem Display. Erst nach rund 150 Metern entlang des Hanges erschienen die drei verdächtigen blauen Linien.

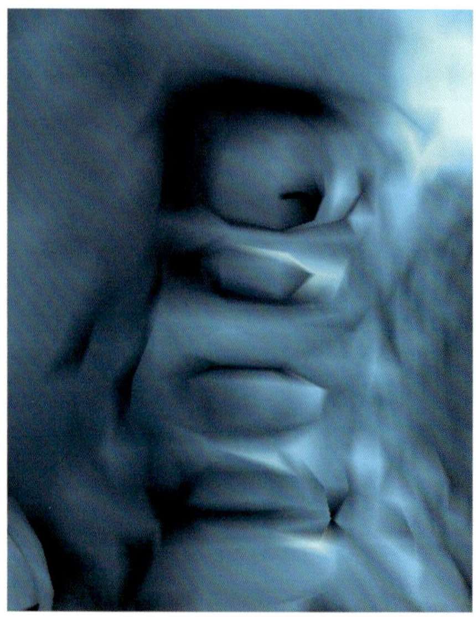

Wenn wir uns wirklich nicht einer Selbsttäuschung hingeben wollen - und die früheren Messungen mit deutlichen Ergebnissen bewahren uns davor -, sollte dies tatsächlich die druckresistente Tür zu einem der Eingänge des Uranwerks sein. Die Position im Gelände und die Eingangsrichtung stimmen jedenfalls überein. Sicht von der Außenseite auf die Schleuse (in Richtung der Bunker).

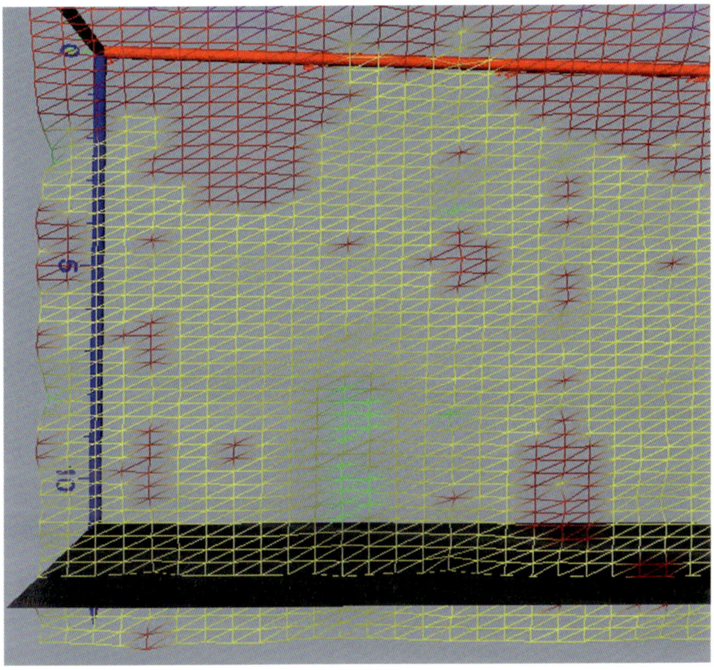

Metallanzeige innerhalb der Georadarauswertung. Auf der Suche nach einem der Eingänge sind wir auf diese Position gestoßen. Durch verschiedene Programmeinstellungen ist es möglich, je nach Suchart, die verschiedenen Anzeigen bis hin zur optischen 3-D-Darstellung sichtbar zu machen. Hier im Bild an der hellgrünen Position deutlich erkennbar ist der Eisenanteil. Das ist auch die Position der Tür in der Ansicht.

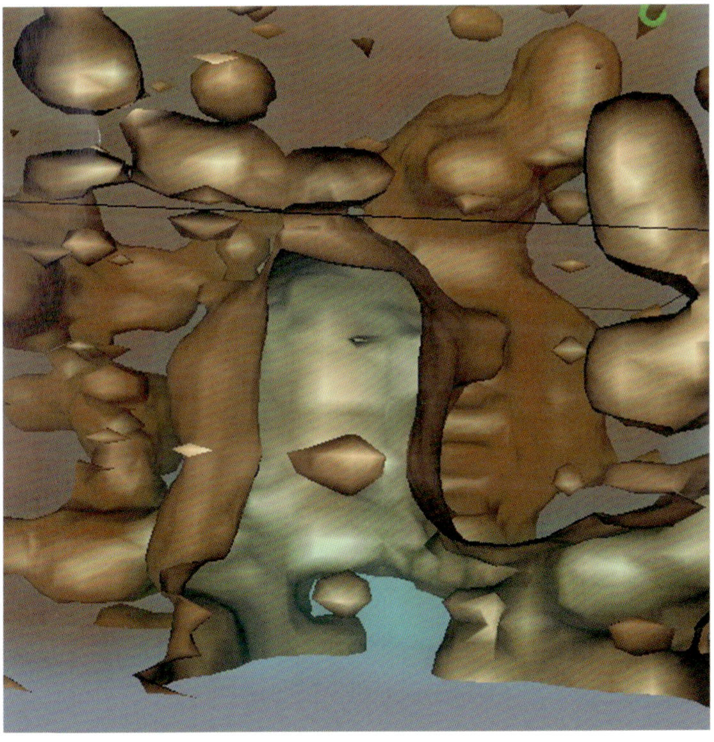

Im Georadarauswertungsbild erkannten wir auch einen Schacht mit darunter liegendem Kabeltunnel. Es war im Dritten Reich üblich, unter Türen und auch an den Seiten Kabel durchzuführen. Bedenkt man andere Schächte, die zu druckfesten Türen führen, so könnte der im Raum sichtbare helle Bereich eine Art Schleuse gewesen sein. Hinter der Kammer rechts im Bild sind Querstreben zu sehen, die auf die Drucktür hinweisen.

Panzertür (wie im Dritten Reich Usus) mit besonderer Verstärkung. Die zweiflüglige Bauart war nötig, um die Türteile überhaupt im Bunker montieren zu können, denn ihr Gesamtgewicht betrug ca. 0,8 Tonnen. In den Bunkern am Ostwall und am Westwall wurden diese Türen übrigens ohne die waagerechten Verstärkungen eingebaut.

Zeitzeugen-Aussagen zum Uranwerk:
Hans-Joachim König[10] zitiert gleich mehrere Zeitzeugen, die diese Bunker beschreiben:

#12 Seite 57: Zeuge König (Vorname nicht bekannt):

> **„Ich kenne aus meiner SS-Zeit und meiner Arbeit für die Reichspost einige Angaben sehr genau. Ich bin vielleicht der einzige noch lebende Mensch im Längwitzgau, welcher bei Gossel noch bis 1952 in den Anlagen gearbeitet hat, allerdings für die Iwane [...] Alle meine Freunde, welche in den Anlagen arbeiten mussten, von der Reichspost und meine SS-Kameraden wurden am 6 November 1952 (16 von der Post und 42 von der SS) von den Russen erschossen. Auch die ehemaligen russischen und ungarischen KZ-Häftlinge, Freimaurer und Juden, die dort arbeiten mussten, über die Anderen kann ich nichts sagen, wurden an diesem Tag erschossen."**

#13 Seite 51: Zeuge Rolf Aschenbach, Weimar:

> **„Häftlinge und die SS, in Übereinstimmung mit Amis und Russen, arbeiteten in zwei Objekten noch bis 1952."**

#14 Seite 101: Zeuge namentlich nicht bekannt:

> **„In die Produktionsstätten bei Gossel gelangten die Amis nicht [...]"**

#15 Seite 83, Zeuge Ernst August Bauer:

> **„Oberingenieur der Deutschen Reichspost beim Forschungsrat. Allerdings gehörte ich nicht zur Planungs- und Entwicklungstruppe (Forschungsgruppe Atom) sondern zur Aufbereitungstruppe. Unser Werk befand sich in der Nähe von Gossel bei Arnstadt und wir waren mit der Aufbereitung von Uran tätig [...] Wie schon gesagt, war ich in der Forschungsgruppe für die Aufbereitung von Uran tätig und unsere Tätigkeit war im unterirdischen Werk bei Gossel. Wir hatten nicht einmal mitbekommen, dass die Amerikaner bereits im Gebiet waren. Doch dann waren es die Russen. Diese waren von unserer Technik so überrascht, dass alle Arbeiten weitergingen, solange wir Pechblende zur Verfügung hatten. Die SS-Leute trugen ihre Uniformen weiter, nur die Häftlinge erhielten russische Anzüge. [...] Wir waren verantwortlich, dass die Pechblende der Wismut u. a. vom Ronneburger Gebiet usw. nach Arnstadt und Ohrdruf gelangte sowie waren wir für den Rücktransport des Produktes Uran und der Reststoffe verantwortlich. Eine Arbeit, die sehr gut bis 1952 bzw. 1954 lief.**

10 *König (2005)*

Soweit die bisher auffindbaren Aussagen. Über weitere Zeitzeugen würden wir uns zur Klärung der Geheimnisse freuen. Vielleicht gibt es doch noch einen lebenden Zeitzeugen, der uns Auskunft geben kann! Er möge sich mit uns in Verbindung setzen.[11]

Zusammenfassung:
Alle oben aufgeführten Zeitzeugen beschreiben das Uranwerk. Sein Standort wird von drei Personen unabhängig voneinander identisch angegeben. Ebenfalls von drei Zeugen wird die Fortführung der Arbeit des Werkes bis 1952 bzw. 1954 beschrieben. Das ist nachvollziehbar, denn die Sowjets hätten damit ein Uranaufarbeitungswerk gehabt, welches ihnen das aufbereitete Uran sofort hätte liefern können, um den Vorsprung der Amerikaner in der Atombombenforschung so schnell wie möglich aufzuholen. Damit erscheinen uns sowohl das Werk als auch sein Standort plausibel und sehr wahrscheinlich.

Der Urantransfer, den es eigentlich nicht geben kann

Nicht nur die Rote Armee nutzte nach den Zeitzeugenaussagen die Anlage bei Gossel nach dem Krieg weiter. Das Produkt dieser Anlage, nämlich Uran 235, war auch schon vorher für das mit dem Deutschen Reich verbündete Japan von großem Wert, denn die Herstellung von waffenfähigem Uran ist ein sehr schwieriger und damals noch dazu vollkommen neuer Vorgang. Zusätzlich stellte sich, neben dem technischen Problem des Trennvorgangs in Zyklotronen, die Frage, wie viel man von dem so mühevoll erzeugten U 235 entbehren konnte (und mochte).

Man musste also so viel produzieren, dass zum einen der eigene Bedarf gedeckt wurde und darüber hinaus genug Uran 235 vorhanden war, um auch Japan beliefern zu können - was angesichts der für Deutschland und Japan vor dem Hintergrund der katastrophalen Kriegslage 1945 nur noch mit einem U-Boot möglich war.

Am Ende des Zweiten Weltkriegs schaffte ein Mitarbeiter der amerikanischen Geheimorganisation ALSOS[12] namens Donald W. Richardson 61,7 Kilogramm waffenfähiges Uran 235 aus Deutschland nach Amerika. Es wurde für das amerikanische Kernwaffenprogramm genutzt.[13]

Die deutsche Uranproduktion musste definitiv einen höheren Produktionsausstoß gehabt haben als die bisherigen Quellen es erahnen lassen.

Das in Deutschland produzierte Uran (das es offiziell nie gegeben hat) wurde zum Exportschlager.

Manfred von Ardenne (1907 bis 1997) gibt hierzu an, dass ein Zyklotron pro Stunde 0,1 Gramm hoch angereichertes Uran 235 erzeugen kann.

Donald W. Richardson (1917 bis 1997)

11 *www.deutsche-atombombe.de*

12 *ALSOS-Mission: Anfang 1945 hatten amerikanische Forscher und Militärs praktisch keine Kenntnisse über den Stand der Atomforschung in Deutschland. Da die USA selbst intensiv an der Atombombe arbeiteten, vermutete man Gleiches in Deutschland. Ziel einer aus Militärangehörigen und Wissenschaftlern gebildeten Spezialeinheit, der ALSOS-Mission, war es, Informationen über das deutsche Atomprogramm zu erhalten, führende Forscher gefangen zu setzen und wichtige Apparaturen zu beschlagnahmen, um so letztlich den Einsatz einer deutschen Atomwaffe zu verhindern. Bis Ende Juli 1945 waren diese Ziele im Wesentlichen erfüllt (Quelle: https://www.deutsches-museum.de/archiv/archiv-online/geheimdokumente/alsos-mission/).*

13 *Nach http://www.baseballinwartime.com/player_biographies/richardson_don.htm.*

Das Unterseeboot „U 234"

Mit dem fortlaufenden Krieg machten sich alle Nationen zunehmend Gedanken über Waffen, die kriegsentscheidend sein sollten. In Deutschland erhielten sie die Propagandabezeichnung „Wunderwaffen". Die Kräfte der verbliebenen Achsenmächte Deutschland und Japan (Italien als der dritte Verbündete war im Sommer 1943 ausgeschieden und wechselte anschließend auf die Seite der Alliierten) begannen zu schwinden. Die Ressourcen an Menschen und Material schwanden infolge der immer verlustreicheren (und verlorenen) Schlachten in einem immer erschreckenderen Ausmaß. Die Wende - in der deutschen Propaganda-Terminologie den „Endsieg" - sollte eine Bombe mit bisher ungeahnter Sprengkraft bringen: die Atombombe.

Wissenschaftler in Deutschland und Japan, natürlich auch in den USA, arbeiteten mit Hochdruck und unter strengster Geheimhaltung an dieser Superbombe. Doch Japan lag in der Atomforschung schwer im Rückstand und bat deshalb Deutschland um Hilfe. Diese wurde gewährt und ein spezielles U-Boot, das nicht als Angriffsboot, sondern als Minenleger konstruiert war und ausreichend Platz bot, wurde für diese Aufgabe umgebaut und ausgerüstet.

Vorher hatten die Alliierten bereits drei japanische U-Boote (I-52, I-30 und I-29) beim Transport von Uranerz auf dem Weg nach Japan versenkt. Zwei der Boote waren bereits mit Uran 238 beladen, sanken also mit der kompletten Ladung. Um dennoch Japan bei der Entwicklung zu unterstützen, wurde nun ein deutsches U-Boot mit bereits angereichertem Uran 235 nach Japan in Marsch gesetzt.

Das U-Boot „U 234" gehörte zum Typ X B.[14] Dieser Typ war ursprünglich als Minenleger konzipiert und bot damit ausreichend Platz, um auch größere Materialmengen transportieren zu können. Als Minenleger kamen diese Boote aber nicht zum Einsatz, da mittlerweile Minentypen entwickelt worden waren, die von herkömmlichen Kampfbooten aus deren Torpedorohren ausgestoßen werden konnten. Neben dem spaltbaren Material sollte auch weitere Hochtechnologie mit an Bord genommen und nach Japan verschifft werden. Dazu wurden die Minenschächte zu Frachträumen umgebaut. Eine neue Schnorchel-Anlage sollte eine längere Unterwasserfahrt mit dem Dieselantrieb ermöglichen.[15] Zum Schutz vor Luftangriffen erhielt das Boot eine Funkmessanlage vom Typ „Hohentwiel"[16], die mit einer am Turm durch Druckluft ausfahrbaren Antenne arbeitete.

Die Reise stand von Anfang an schon unter schlechten Vorzeichen: Am 25. März 1945 verließ das Boot Kiel und kollidierte kurze Zeit später mit einem anderen U-Boot. In Kristiansand (Norwegen) wurden die erforderlichen

14 Gesprochen „zehn B".

15 Konventionelle dieselelektrische U-Boote müssen für die Unterwasserfahrt vom außenluftabhängigen Dieselantrieb auf den batteriegespeisten Elektroantrieb umschalten. Eine Schnorchel-Anlage ermöglichte eine signifikant längere Unterwasserfahrt, da der Dieselantrieb beibehalten werden konnte. Die Höchstgeschwindigkeit lag aber aufgrund der Kräfte des Wasserwiderstands auf den senkrecht nach oben ragenden Schnorchel nur ein wenig höher als bei der Fahrt mit E-Antrieb.

16 FuMO 61 „Hohentwiel U": Funkmessortung gerät (Radar) für den Einbau auf U-Booten. Eine um 360 Grad drehbare Radarantenne (1 x 1,4 Meter) war an einem ausfahrbaren Mast montiert. Bis 1942 als „FMG" (Funkmessgerät") bezeichnet. Im Vergleich zu alliierten Radargeräten mit deutlich schwächerer Leistung, zudem sehr störanfällig.

Reparaturen bis zum 15. April 1945 durchgeführt.

An Bord befanden sich ein vollständig zerlegtes Düsenflugzeug vom Typ Messerschmitt Me 262 einschließlich aller zugehörigen Baupläne, ferner Bauteile für den Raketenjäger Me163, Forschungsunterlagen und Baugruppen für eine Fernrakete A 4, besser bekannt als „V2". Die wichtigste Fracht aber waren 560 Kilogramm Uran 235.

Anmerkung der Autoren:
Die offiziellen Quellen sprechen von Uranoxid. Allerdings haben die Amerikaner beim Entladen des Bootes davon berichtet, dass das Material in Goldfolie verpackt war. Dies ist bei Uranoxid nicht nötig. Eine solche strahlenabsorbierende Abschirmung wird aber für Uran 235 benötigt.

An Bord des U-Boots waren auch hochrangige Passagiere. Unter den insgesamt vier Marine- und vier Luftwaffenoffizieren sowie drei zivilen Ingenieuren zählten der Luftwaffengeneral Ulrich Kessler (1894 bis 1983, ein Spezialist für die Luftabwehr), sein Adjutant und gleichzeitig Radarspezialist Erich Menzel und schließlich Fritz von Sandrart, ebenfalls ein Fachmann für die Luftverteidigung, zu den außertourlichen Passagieren. Zwei weitere deutsche Offiziere waren als Spezialisten mit Sonderaufgaben ebenfalls mit von der Partie. Besonders hervorzuheben sind zwei kaiserlich-japanische Offiziere: Kapitänleutnant Hideo Tomonaga und Leutnant zur See Genzo Shoji. Beide lebten seit vier Jahren in Deutschland, hatten Taktik und Waffensystemtechnik studiert und sollten nun dieses Wissen an das Kaiserreich übermitteln. Entsprechende Unterweisungen gab es zusätzlich für die an Bord befindliche Fracht, indem deutsche Wissenschaftler die beiden Söhne Nippons vor dem Auslaufen über die Verwendung der Fracht instruierten.

Am 10. Mai 1945 ging per Funk die Nachricht von der deutschen Kapitulation ein. Der Kommandant des U-Boots, Kapitänleutnant Johann Heinrich Fehler, hatte für einen solchen Fall den Auftrag, sein Boot nach Halifax in Kanada zu bringen. Doch er entschied sich, die US-amerikanische Küste anzusteuern - ein Entschluss, der für die beiden japanischen Offiziere unvereinbar war mit ihrem traditionellen Ehrenkodex, dem Bushido, denn immerhin befand sich Japan immer noch im Krieg mit den USA. Folglich nahmen die beiden Offiziere Gift und töteten sich selbst. Beide wurden mit militärischen Ehren auf See beerdigt. Danach ergab sich das Boot am 14. Mai 1945 dem Geleitzerstörer „USS Sutton". Unter seiner Bewachung fuhr das Boot zum US Navy-Hafen Portsmouth in New Hampshire. Dort wurde das Unterseeboot entladen.[17]

U 234 nach seiner Kapitulation, begleitet von der „USS Sutton"

17 Diese Vorgänge sind auch verfilmt worden: „Das letzte U-Boot" (Deutschland, 1993). U 234 wurde von den Amerikanern 1947 in der Nähe von Cape Cod bei einem Torpedotest als Zielschiff versenkt.

Zivile Atomforschung in Japan bis 1945

Nach dem Sieg über Japan zerstörten die Amerikaner die fünf in Japan vorhandenen Zyklotrone trotz Protesten auch von amerikanischen Wissenschaftlern. Eines ist aber seltsam: Japan verfügte am Ende des Zweiten Weltkrieges über fünf Zyklotrone, das Deutsche Reich indes über kein einziges. Zumindest ist bis Ende des Krieges offiziell keines gebaut worden. In Frankreichs Hauptstadt Paris stand ein Zyklotron, und in den USA gab es deren 15. Dass Japan damals schon über drei Zyklotrone verfügte, zeigt, dass dort die Wissenschaftler an der Kernphysik sehr interessiert waren. Als Vater der Kernphysik in Japan gilt der aus Nagasaki stammende Nagaoka Hantaro (1865 bis 1950). Bereits 1904 veröffentlichte er ein Planetenmodell der Atomstruktur.

Nagaoka Hantaro

Nagaoka Hantaro wurde zum Chefwissenschaftler des Instituts für Chemie- und Physikforschung (RIKEN) ernannt. Er verließ dieses jedoch, um für die „Imperial University of Osaka" zu arbeiten. Im RIKEN wurde das erste Zyklotron Japans gebaut, jedoch war Nagaoka an den Forschungen nicht beteiligt.

Ein weiterer führender Kernphysiker war Dr. Tadayoshi Hikosaka, der als Professor an der Tohoku-Universität[18] lehrte. 1934 präsentierte er seine Idee vom schalenartigen Aufbau des Atomkerns. Dabei wies er darauf hin, dass ein Atomkern genug Energiepotential besitzt, um diese Energie sowohl zur Stromerzeugung als auch für die Anwendung als Waffe einzusetzen. Der Physiker Seishi Kikuchi (1902 bis 1974) konstruierte ebenfalls 1934 den ersten japanischen Cockcroft-Walton-Beschleuniger, ein mit Gleichstrom arbeitender Teilchenbeschleuniger. Er führte mit ihm Experimente zur Neutronenstreuung durch. Dazu gehörten auch Versuche zur Erzeugung von Röntgenstrahlung durch Neutronen sowie Streuexperimente mit schnellen Neutronen.

Als Vater der modernen Physik in Japan gilt Yoshio Nishina (1890 bis 1951). Nishina ist bekannt für die sogenannte Klein-Nishina-Formel.

Yoshio Nishina arbeitete 1925 am Nils-Bohr-Institut in Kopenhagen. Danach trat er in das RIKEN-Institut ein und lehrte Generationen von angehenden Physikern die Grundlagen ihres Fachs. Hier arbeiteten auch die ersten zwei Physik-Nobelpreisträger aus Japan, Hideki Yukawa (Nobelpreis 1949) und Sin-Itiro Tomonaga (Nobelpreis 1965).

18 Tohoku: Region im Norden der japanischen Hauptinsel Honshu, nahe Tokyo. Heute ein touristischer Geheimtipp.

Gebäude von RIKEN zwischen 1917 und 1926.

Unten: 26-Inch-Zyklotron des RIKEN-Instituts in Wako (Präfektur Saitama nahe Tokyo).

Yoshio Nishina

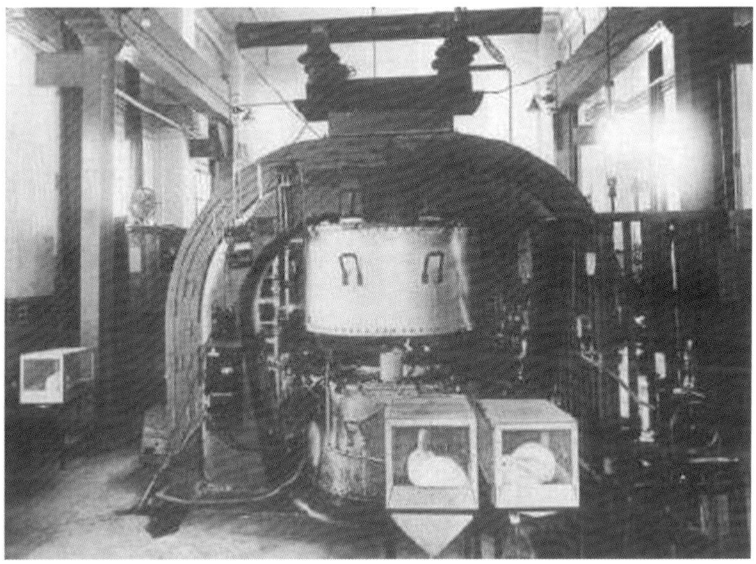

Yoshio Nishina war führend in der Kernforschung Japans. Zusammen mit Kenjiro Kimura suchte er nach dem damals noch fehlenden Element 93, welches im Periodensystem auf Uran folgt. Er wurde außerdem sowohl vom japanischen Heer wie von der Marine zu Rate gezogen, als es darum ging, die Möglichkeiten zur Entwicklung von Nuklearwaffen einzuschätzen.

Viele europäische Wissenschaftler, darunter auch Nobelpreisträger wie Nils Bohr, besuchten in den 1930er Jahren Japan und konnten dabei feststellen, dass Japans Atomphysiker auf der Höhe der Zeit waren. Dies bestätigen auch die Veröffentlichungen in der Zeitschrift „Nature" im Jahr 1939 mit dem Titel „Artificial Production of Uranium and Thorium" sowie vier Veröffentlichungen in „Physical Review", erschienen 1940 und 1941. Darin wurde die Entdeckung des Isotops U 237 mit einer Halbwertszeit von 6,5 Tagen beschrieben.

Militärische Atomforschung in Japan bis 1945

Die offizielle Sichtweise

Wie bereits erwähnt wies Tadayoshi Hikosaka, der zweite erwähnenswerte japanische Kernphysiker neben Yoshio Nishina, ebenfalls auf die militärische Anwendungsmöglichkeit der Atomkraft hin. Aus einem Bericht vom Oktober 1940, der von Generalleutnant Takeo Yasuda, einem ehemaligen, ebenfalls an der Kernspaltung interessierten Ingenieur, in Auftrag gegeben und von Tatsusaburo Suzuki verfasst wurde, geht hervor, dass sehr wohl eine Kernwaffe entwickelt werden könne. Das entscheidende Problem dabei war eher logistischer als wissenschaftlicher Natur: Wie kam Japan an das notwendige Uran? Yasuda setzte sich deshalb mit Yoshio Nishina vom RIKEN-Institut in Verbindung. Dieser hatte 1937 das erste Zyklotron Japans bauen lassen. Daraufhin beauftragte die Armee Nishinas Labor im April 1941 mit der Entwicklung einer Atombombe.

Das Projekt bekam den Namen „Ni-Go". Es gliederte sich in fünf Forschungsteilbereiche:

1. Theorie der Atombombe
2. Abtrennung von Uran 235
3. Produktion von Uranhexafluorid (UF6)
4. Bestimmung der notwendigen physikalischen Konstanten
5. Analyse von Isotopen

Die Untersuchungen durch das Labor Nishinas führten zu der Erkenntnis, dass eine Atombombe zwar theoretisch machbar sei, jedoch technisch nicht umsetzbar. Trotzdem wurde die Entwicklung der Thermaldiffusion zur Urananreicherung vorangetrieben. Im Laufe der Zeit war die Entwicklung einer Atombombe nicht mehr das wichtigste Ziel der japanischen Wissenschaft. Einige Historiker sind sogar der Meinung, dass Nishina das Geld der Militärs zur Finanzierung seines Zyklotrons zweckentfremdete. Nishina war außerdem in einem Komitee des „Technical Institute of the Imperial Japanese Navy" (IJN) tätig.[19] Dort sollte er erläutern, ob die Entwicklung einer Kernwaffe realistisch wäre. Die Flotte arbeitete, wie auch das Heer, während des Krieges an der Entwicklung der Atombombe - geradezu ein Schulbeispiel für das unsäglich kontraproduktive Konkurrenzdenken zwischen der Marine und dem Heer. Das Komitee wurde von Kapitän zur See[20] Yoji Ho geleitet. Es traf sich mehrmals zwischen Juli 1942 und März 1943 und stellte dabei fest, dass die USA bereits eine Atomwaffe entwickelten. Andererseits war es aber davon überzeugt, dass weder die USA noch Deutschland noch während des Krieges diese Arbeiten vollenden könnten. Das Komitee ging von einem Entwicklungszeitraum von etwa zehn Jahren aus. Die aus damaliger japanischer Sicht logische Konsequenz: Es löste sich schlicht und ergreifend auf! Ein anderer Organisationsbereich der japanischen Marine begann ein Projekt, das als „F-Go" bekannt wurde. Dieses stand unter der Leitung von Bunsaku Arakatsu (1890 bis 1973), einem Physikprofessor der „Kyoto Imperial University", der auch in

19 Die kaiserlich-japanischen Streitkräfte kannten nur zwei Teilstreitkräfte: Heer und Marine. Beide hatten jeweils ihre eigenen Luftstreitkräfte. Eine eigenständige Luftwaffe wie beispielsweise in Deutschland oder Großbritannien gab es nicht (übrigens auch nicht in den USA). Beide Teilstreitkräfte standen in äußerster Konkurrenz zueinander, eine Kooperation gab es kaum.

20 Dieser Dienstgrad entspricht dem Oberst im Heer (und in der Luftwaffe).

Europa studiert hatte, sogar mit dem elf Jahre älteren Albert Einstein.

Bei Beginn des Projektes (1942/43) erhielt Arakatsu weniger als 80.000 US-Dollar als Anschubfinanzierung, was allein schon die niedrige Priorität des Projektes zeigt.
Arakatsu erforschte in seinem Labor die Urananreicherung durch Zentrifugen. Auch wenn IJA und IJN gegen Ende des Krieges gezwungenermaßen ihre Kräfte endlich bündelten, war das F-Go Projekt weit von einem Erfolg entfernt.

Am 7.März 2003 meldete die Zeitung „The Japan Times"[21] den Fund von Unterlagen über das japanische Atomprogramm im Zweiten Weltkrieg. Diese Papiere wurden durch den früheren Professor an der Universität von Tokyo, Kazuo Kuroda, welcher in die USA ausgewandert war, aus Japan herausgebracht. Monate nach Kurodas Tod schickte seine Witwe im Jahr 2001 diese Unterlagen an das RIKEN-Institut in Tokyo. Das Dokument ist wohl die einzige Aufzeichnung zur Atombombenforschung von Japan, welches erhalten ist. In ihm tauchen dieselben Akteure wieder auf, die schon weiter oben genannt sind, jedoch mit weiteren Einzelheiten zu deren Arbeiten. Besonders interessant: die handschriftliche Notiz eines Heeresoffiziers zu einem Interview mit dem Physiker Yoshiao Nishina aus dem Jahr 1943, der an dem Projekt Ni-Go gearbeitet hatte. Nach dieser Notiz glaubte Nishina, dass aus ein bis zwei Tonnen natürlichem Uranerz ein Kilogramm waffenfähiges Uran gewonnen werden könne.

Im Frühjahr 1945 scheiterte Nishinas Team daran, aus Uranhexafluorid mit Hilfe von Thermaldiffusion Uran 235 zu gewinnen - laut Aussage von Teiichi Yamazaki (keine Lebensdaten verfügbar) vom „Tokyo Institute of Technology". Bei dieser ineffizienten Methode hätte Nishina tausende von Tonnen benötigt, so Yamazaki weiter. Durch die knappen Ressourcen an Ausrüstung und Geld blieben zur Verbesserung der Reinheit des Urans 235 nur die vier kleinen und das große Zyklotron in RIKEN übrig. Ein anderer Physiker, der ebenfalls an dem Projekt beteiligt war, sagte Jahre später aus, dass ungefähr fünf Kilogramm nicht reines Uran 235 erzeugt wurden. Diese Menge war weit von dem entfernt, was für eine Atombombe notwendig gewesen wäre. Ein Vergleich der finanziellen Aufwendungen ergab, dass für das Heeresprojekt Ni-Go 500.000 Dollar und für das Projekt der Marine F-Go 150.000 Dollar aufgewendet wurden. Verglichen mit den Kosten für das „Manhattan Projekt" in Höhe von ca. zwei Milliarden US-Dollar waren diese Ausgaben sehr gering.

Nishina ging davon aus, dass durch das Auslösen einer Kettenreaktion eine atomare Detonation stattfinden würde. Das war richtig. Jedoch ist es notwendig, dass diese Detonation innerhalb von 1/200 bis 1/300 Sekunden stattfindet. In den erhaltenen Dokumenten sind jedoch laut Nishina nur 1/20 bis 1/30 Sekunden notwendig: Diese langen Triggerzeiten hätten jedoch nur zu einer Detonation mit geringer Kraft geführt, etwa wie bei einem außer Kontrolle geratenen Kernreaktor. Nishina erkannte Jahre nach dem Krieg, dass seine Berechnungen falsch waren. Nakane, ein früherer Wissenschaftler und Ehrendirektor des RIKEN, wies auf die knappen Ressourcen des Landes hin. Laut seiner Aussage hatte Japan bis zu dem Zeitpunkt, als amerikanische Bomber im April 1945 die RIKEN-Labore zerstörten, weder eine Atombombe konstruiert und erst recht noch keine Versuchsdetonation ausgelöst.

21 *www.japantimes.co.jp.*

Walter Grunden, Professor an der Bowling Green State University im US-Bundesstaat Ohio, legte 2005[22] dar, dass es keinerlei Beweise für ein Uranverarbeitungswerk in Hungnam im Norden Koreas[23] gebe, auch nicht für eine Atomexplosion. Das leite er z. B. aus Luftaufklärungsfotos sowie aus Aufzeichnungen der japanischen Firma Nikon Chisso ab, die die meisten Fabriken in Korea während des Zweiten Weltkrieges besaß.

Nachkriegsuntersuchungen durch die Amerikaner

Die Amerikaner waren natürlich sehr am Atomforschungsprogramm der Japaner interessiert. So gab es mindestens drei Gruppen, die Nachforschungen anstellten. Dazu gehörten auch ALSOS-Mitarbeiter.

Die ALSOS-Mission diente den Amerikanern bekanntlich zur Aufdeckung und Erbeutung wissenschaftlicher Erkenntnisse, besonders in der Kernforschung, aber auch biologische und chemische Waffen in den von den Achsenmächten besetzten Gebieten waren von höchstem Interesse. Die ersten Nachforschungen wurden von Robert Furman durchgeführt und in einem Bericht zusammengefasst. Der Inhalt seines Berichts basierte größtenteils auf den von Yoshio Nishina erarbeiteten Unterlagen. Ziel der Amerikaner waren Erkenntnisse, ob es ein dem amerikanischen „Manhattan-Projekt" ebenbürtiges Programm in Japan gab. Aber etwas Vergleichbares wurde im Raum Tokyo nicht gefunden. Furmans Argument dafür war das Fehlen von Uran. Und dieses Metall, dessen Isotope radioaktiv sind, war nun einmal zur Entwicklung einer solchen Waffe zwingend notwendig. Das war aber auch der Grund, warum die japanische Wissenschaft nicht über die Errichtung einer Thermodiffusionsanlage herausgekommen war. Diese wurde im April 1945 durch amerikanische Bomben zerstört.

Ein weiterer Mitarbeiter von ALSOS namens Robert Fisher ging im Jahr darauf, im Frühjahr 1946, den japanischen Nuklear-Projekten nach. Dabei wurde ihm klar, dass die vorher durchgeführten ALSOS-Untersuchungen keine genauen Erkenntnisse über einschlägige Forschungsergebnisse der Japaner ergeben hatten. Deshalb wurden nochmals alle Standorte aufgesucht, die damals schon inspiziert worden waren. Fisher erkannte die Zusammenarbeit zwischen Deutschland und Japan sowie die Organisation der Forschung in Japan. Im Gegensatz zu dem staatlich finanzierten „Manhattan-Projekt" der Amerikaner war die japanische Forschung in einem japanischen privatwirtschaftlichen Firmenzusammenschluss („Zaibatsu") organisiert. Yoshio Nishina arbeitete während des Krieges an sogenannten Todesstrahlen, bei denen es sich um starke Mikrowellen handelte. Diese sollten zum Auslösen (Triggern) von Waffen dienen, welche im japanisch besetzten Korea entwickelt wurden und zu einer Luftexplosion führen sollten. Diese Waffen sollten bei der von den Japanern erwarteten Invasion und dem Angriff auf Kyushu im November 1945 eingesetzt werden.[24]

Fishers Elaborat war das umfangreichste von allen, die sich mit dem japanischen Forschungs- und Atomwaffenprogramm beschäftigten. Seine Dokumentation wurde dann auch - nicht verwunderlich - unter Verschluss gehalten.

Auch das „Office of Strategic Services" (OSS)[25] der Amerikaner erstellte unter

22 Grunden (2005)

23 Korea war von 1910 bis September 1945 eine japanische Kolonie.

dem Decknamen „RAMONA“ Berichte über die atomare Forschung in Japan, die während des Krieges in China und Korea stattfand. Bemerkenswert an ihnen ist der Umstand, dass die in ihnen aufgelistete Reihenfolge der wichtigsten Wissenschaftler nicht mit Yoshio Nishina und Bunsaku Arakatsu begann. Nein, ganz oben auf dem Tableau des Atomprogramms rangierten Ingenieure und Mathematiker, aber keine Physiker. Laut dem Bericht wurden Teile des Programms der Japaner außerhalb des Inselreichs durchgeführt: in Korea, in China und auf Taiwan.

Wie weit waren die Japaner wirklich?

Die deutsche Hilfe

Die japanische Forschungs- und Entwicklungstätigkeit war wesentlich umfangreicher als von offizieller Seite veröffentlicht. So unterhielten diese Forschungseinrichtungen Dependancen in den De-facto- bzw. Quasi-Kolonien[26] des Kaiserreichs. Das Hauptproblem der Japaner blieb jedoch der Mangel an Uran. Deshalb wandte sich die japanische Regierung 1943 an Deutschland und bat um zwei Tonnen Uranerz.

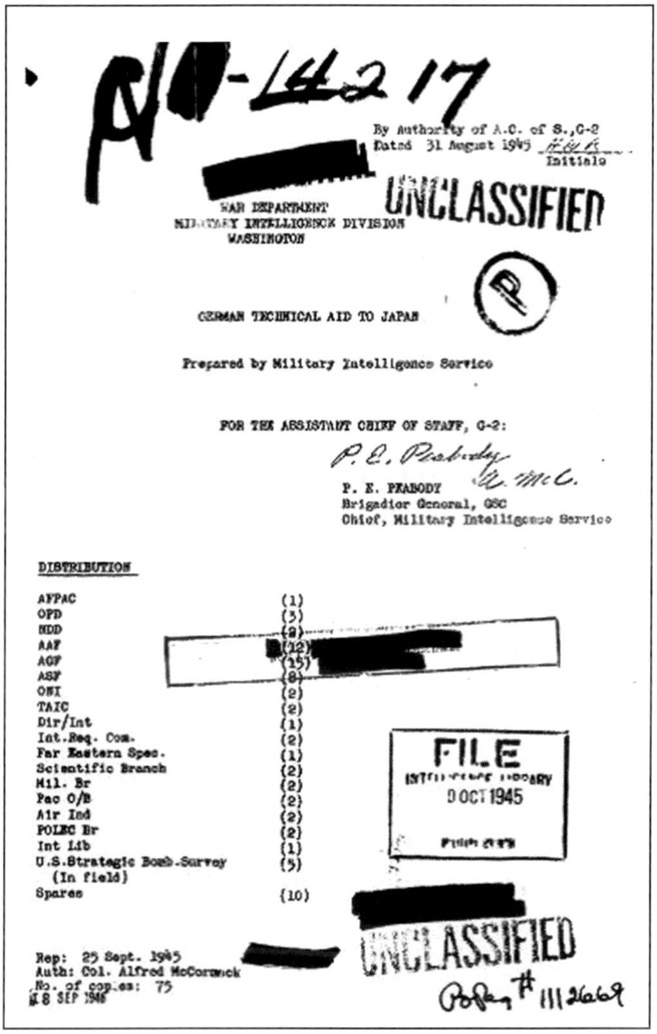

By Authority of A.C. of S.,G-2
Dated 31 August 1945
Initials

UNCLASSIFIED

WAR DEPARTMENT
MILITARY INTELLIGENCE DIVISION
WASHINGTON

GERMAN TECHNICAL AID TO JAPAN

Prepared by Military Intelligence Service

FOR THE ASSISTANT CHIEF OF STAFF, G-2:

P. E. PEABODY
Brigadier General, GSC
Chief, Military Intelligence Service

DISTRIBUTION

AFPAC	(1)
OPD	(3)
MDD	(2)
AAF	(12)
AGF	(15)
ASF	(8)
ONI	(2)
TAIC	(2)
Dir/Int	(1)
Int.Req. Com.	(2)
Far Eastern Spec.	(1)
Scientific Branch	(2)
Mil. Br	(2)
Pac O/B	(2)
Air Ind	(2)
POLEC Br	(2)
Int Lib	(1)
U.S.Strategic Bomb.Survey (In field)	(5)
Spares	(10)

FILE
9 OCT 1945

UNCLASSIFIED

Rep: 25 Sept. 1945
Auth: Col. Alfred McCormack
No. of copies: 75

Blatt 2 des Berichts N-14217 des War Department, Military Intelligence Division, Washington.

Mit der Zusicherung der Lieferung von Uran 234 erfüllte Adolf Hitler den Wunsch der Japaner.

Dies belegen Veröffentlichungen des Deutschen U-Boot-Museums in Cuxhaven und der freigegebene Bericht der Amerikaner mit dem Titel „German Technical Aid to Japan“.[27]

Die Erkenntnisse zu den Fahrtrouten der U-Boote und deren Fracht stammten aus den abgehörten und entzifferten

---

24 Die für November 1945 geplante Landung auf den japanischen Hauptinseln lief unter dem Decknamen „Operation Downfall“, die sich in zwei Teiloperationen gliederte: „Operation Olympic“ (Besetzung Kyushus) und „Operation Coronet“ (Besetzung von Honshu mit der Hauptstadt Tokyo). Die Kapitulation Japans nach den beiden Atombombenabwürfen am 6. und am 9. August 1945 machten diese Operation, bei der man mit immensen Opfern unter den Landungstruppen rechnete (die militärischen und zivilen Opfer auf japanischer Seite fielen in diesen Kriegszeiten bei den Planungen naturgemäß kaum ins Gewicht), obsolet.

25 Von 1942 bis 1945 der Nachrichtendienst des amerikanischen Kriegsministeriums. Eine Vorläuferorganisation der CIA.

26 Zum Beispiel Mandschukuo.

27 Referenznummer N-14217.

„ULTRA"- bzw. „Magic"[28] -Funksprüchen der deutschen Kriegsmarine und dem dechiffrierten Funkverkehr zwischen den japanischen Botschaften in Europa, besonders Berlin und Tokyo. Seit 1943 nämlich konnten die Briten und die Amerikaner den Funkverkehr der japanischen Diplomaten und Militärattachés entziffern und mitlesen.

Philip Henshall zeigt in seiner Arbeit „The Nuclear Axis"[29] eine Seite einer solchen dekodierten Nachricht, und zwar die vom 16. Januar 1945. Darin schickte Tokyo ein Telegramm zu seiner Botschaft in Berlin und beschrieb darin die Güter, die per U-Boot nach Japan geliefert werden sollten. Hier ein Auszug aus der Frachtliste, verzeichnet unter „ULTRA 1443", mit für die Kernforschung und Entwicklung von Nuklearwaffen relevanten Gütern:

- Diamanten mit sehr kleinen Löchern (0,02-0,08 mm), so viel wie möglich in allen Ausführungen
- metallisches Zirkonium (500 kg mit 99,5 % Reinheit oder besser)
- metallisches Lithium, 500 kg
- Neongas (so viel wie möglich)
- Isolationsmaterial für UHF, 10 kg von jeder Sorte

Henshall führt weiterhin das dekodierte Telegramm „ULTRA 1309" vom 18. Januar 1944 mit der Bestellung von 60 Tonnen Borax (Natriumtetraborat) und 20 Tonnen Borsäureester in Italien auf. Dieses Material sollte zum Yokosuka Naval Dockyard in Japan geliefert werden. Auch die Bestätigung dieser Bestellung wurde mit „ULTRA" abgefangen. Eine weitere Nachricht („ULTRA 1860") vom 18. April 1945 besagt, dass 15 Tonnen Borax nach Schweden transportiert wurden, um von dort mit einem Schiff nach Japan zu gelangen. Ob dies überhaupt geschah, ist nicht sicher.

Die möglichen Einsatzgebiete dieser Güter für den Einsatz in der Kernforschung

Henshall schreibt dazu:

- **Diamanten mit sehr kleinen Löchern**
  Diamanten dienen zur Produktion feiner Drähte die z. B. bei der Messung des Neutronenflusses, Temperaturbestimmung des Reaktorkerns usw. eingesetzt werden können.
- **Zirkonium**
  Einsatz als Hüllenwerkstoff für Atomreaktoren, da Absorptionsquerschnitt sehr niedrig, Korrosionsverhalten in Wasser und Wasserdampf sehr gut (Zirkonsand findet man z. B. an der Ostseeküste).
- **Lithium**
  Herstellung von Tritium, Abschirmmittel gegen Neutronen, zum Nachweis thermischer Neutronen, als Reaktorkühlmittel, LiF (Lithiumfluorid) als Lösungsmittel für Kernbrennstoffe, Moderator.
- **Bor**
  In der Kerntechnik als Absorber eingesetzt (Regelstäbe, abbrennbare Absorber, chemische Trimmung/Regelung von Reaktoren, da Bor und die Bor-

28 Nach der Erbeutung einer „Enigma"-Chiffriermaschine der deutschen Kriegsmarine waren die Briten in der Lage, den geheimen und eigentlich hervorragend verschlüsselten Funkverkehr der Deutschen mitzulesen, was erheblich zur Niederlage Deutschlands beitrug. Die Amerikaner übernahmen die Bezeichnung „Ultra" (resp. „ULTRA"; beides steht für „ultra-geheim"). Das von den Japanern gewonnene Material trug die Bezeichnung „Magic".

29 Henshall (2000)

verbindungen sehr hohen Absorptionsquerschnitt besitzen.

• **Neon**
Das Edelgas Neon wird in Funkenkammern (spark chambers) zum Nachweis von elektrisch geladenen Teilchen eingesetzt. Entlang der Bahn eines Ladungsträgers wird eine Ionisationsspur erzeugt. Es ist auch möglich, dieses in Strahlungsdetektoren, wie Geigerzählern, zu verwenden.

In dem Bericht wird außerdem festgestellt, dass die Sowjetunion und die Nationalchinesen sich sehr wohl über die Existenz der Forschungseinrichtungen der Japaner im Klaren waren. Dagegen waren die chinesischen Kommunisten zu sehr auf die Agrarwirtschaft fokussiert, als dass sie die Wichtigkeit der Forschungseinrichtungen der Japaner erkannt hätten, so der „RAMONA"-Bericht.

Das fehlende Uran und das Projekt „RAMONA"

In dem Kapitel „Nachkriegsuntersuchungen der Amerikaner" wurde als Argument für den Fehlschlag der Entwicklung einer japanischen Bombe auf das Fehlen von Uran hingewiesen. Die Amerikaner stuften das als ein Haupthindernis und damit als den ausschlaggebenden Grund für die Einstellung der Kernwaffenentwicklung ein. Das traf und trifft auf Japan zu, welches keine eigenen Uranvorkommen besitzt. Jedoch kontrollierte Japan bis zum Ende des Krieges zahlreiche Kolonien. Darauf beziehen sich die so genannten „RAMONA"-Berichte des OSS. Man findet heute noch Informationen über solche Berichte in den „Records of the Office of Strategic Services (RG 226): Entry 212". Dort findet sich ein Eintrag, der sich auf China bezieht, unter

"China Theater records relating to Project RAMONA, relating to atomic energy, ca. July 1945 - May 1947, 20 pp. [WN#24481]"

In dem Projekt geht es um den Handel mit Uranmetall und Uranoxyden und deren mögliche Herkunftsquellen in Shanghai und Nordchina. Dazu gibt es in den Unterlagen Aussagen verschiedener Informanten.
Einer der Informanten war ein Niederländer, der sich Hans nannte. „Hans" berichtete den Amerikanern, dass kurz nach der Kapitulation Japans am 2. September 1945 von Chiang Kai-schek[30], dem Generalissimus der Nationalchinesen, angeordnet wurde, alle Informationen über Atomenergie sowie alle einschlägigen japanischen Experten ausfindig zu machen. Dazu wurde in Shanghai ein Büro eingerichtet mit dem Namen „Office for Atomic Affairs". Zusätzlich wurden in Shanghai, Nanking und anderen Orten Treffen mit Japanern arrangiert, vornehmlich mit Geschäftsleuten, Militä-

30 Chiang Kai-schek (1875 bis 1975), Führer der Nationalchinesen, floh nach seiner Niederlage im Chinesischen Bürgerkrieg mit seinen Anhängern vor den siegreichen kommunistischen Truppen unter Mao Zedong (auch: Mao Tse-tung) auf die Insel Formosa, das heutige Taiwan. Dort regierte er von 1954 bis zu seinem Tod als „Präsident der Republik China". Seine Herrschaft trug stark autokratische bis diktatorische Züge. Als Gegenpart zur kommunistischen „Volksrepublik China" unter Mao wurde er massiv wirtschaftlich und militärisch von den USA unterstützt. Er beanspruchte den Alleinvertretungsanspruch für ganz China, China dagegen betrachtet Taiwan als „abtrünnige Provinz", also als einen Teil Chinas, der wieder ins Mutterland eingegliedert werden muss.

rexperten und Wissenschaftlern, die Kenntnisse über die Kernenergie besaßen. Besonders interessant sind für uns folgende Aussagen des Informanten: Japanische Experten für Nuklearphysik haben etwa viereinhalb Jahre in Shanghai und Nordchina in der Atomforschung gearbeitet. Dabei handelte es sich um ein streng geheimes Projekt, über das nur drei Japaner informiert waren: Minister Tsuchida aus der Botschaft in Shanghai, Dr. Wataori (ebenfalls aus der Botschaft) und Dr. S. Sato, Präsident des „Shanghai Science Institute“. Im „Shanghai Science Institute“ beschäftigten sich zwei Abteilungen mit Nuklearphysik. Diesen Abteilungen gehörten drei oder vier Professoren an, darunter ein Chemiker. Über die genaue Art und Bedeutung der von ihnen geleisteten Arbeiten waren sich die Mitarbeiter des „Shanghai Science Institut“ nicht bewusst. Nishina und Honda waren - es wurde bereits erwähnt - in Japan für die Entwicklung der Atomenergie zuständig, weswegen das Büro in Shanghai versuchte, mit den beiden japanischen Experten Verbindung aufzunehmen und sie letztlich nach China zu bringen. Der Informant Hans gab an, dass Tschiang Kai-schek persönlich allen Japanern, welche ihn bei der Atomforschung unterstützen würden, die chinesische Staatsangehörigkeit sowie Geldzuwendungen und ein regelmäßiges Einkommen bezahlen würde.

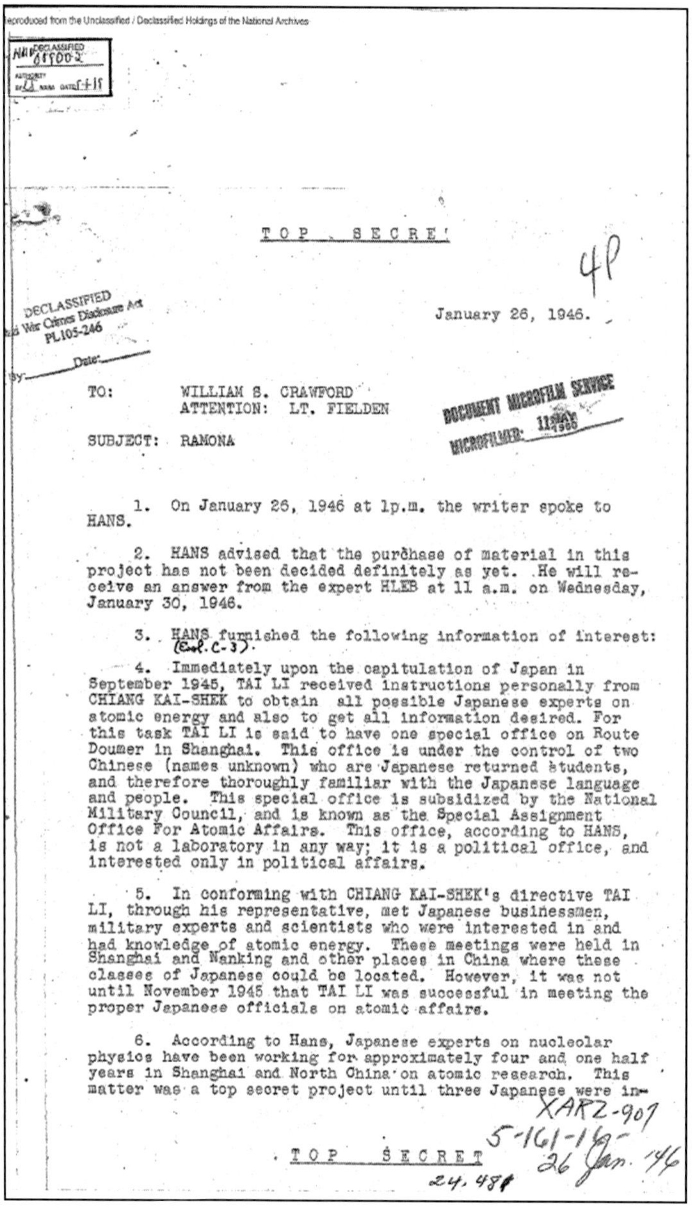
TOP SECRET

January 26, 1946.

TO: WILLIAM S. CRAWFORD
ATTENTION: LT. FIELDEN

SUBJECT: RAMONA

1. On January 26, 1946 at 1p.m. the writer spoke to HANS.

2. HANS advised that the purchase of material in this project has not been decided definitely as yet. He will receive an answer from the expert HLEB at 11 a.m. on Wednesday, January 30, 1946.

3. HANS furnished the following information of interest:

4. Immediately upon the capitulation of Japan in September 1945, TAI LI received instructions personally from CHIANG KAI-SHEK to obtain all possible Japanese experts on atomic energy and also to get all information desired. For this task TAI LI is said to have one special office on Route Doumer in Shanghai. This office is under the control of two Chinese (names unknown) who are Japanese returned students, and therefore thoroughly familiar with the Japanese language and people. This special office is subsidized by the National Military Council, and is known as the Special Assignment Office For Atomic Affairs. This office, according to HANS, is not a laboratory in any way; it is a political office, and interested only in political affairs.

5. In conforming with CHIANG KAI-SHEK's directive TAI LI, through his representative, met Japanese businessmen, military experts and scientists who were interested in and had knowledge of atomic energy. These meetings were held in Shanghai and Nanking and other places in China where these classes of Japanese could be located. However, it was not until November 1945 that TAI LI was successful in meeting the proper Japanese officials on atomic affairs.

6. According to Hans, Japanese experts on nucleolar physics have been working for approximately four and one half years in Shanghai and North China on atomic research. This matter was a top secret project until three Japanese were in-

TOP SECRET

Seite aus dem „RAMONA“-Bericht.

„Hans“ berichtet weiter, dass im Dezember 1944 japanische Wissenschaftler in Shanghai, „angebrütet“ durch zahlreiche Berichte aus Deutschland und regelrecht angestachelt durch die Deutschen nach Tokyo fuhren, um eine Beschleunigung der Atomforschung zu verlangen. Nach Hans war die Regierung in Tokyo jedoch sehr zurückhaltend: Sie konnte mit der damals völlig neuen Atomforschung nichts anfangen. Entsprechend misstrauisch begegnete sie entsprechenden Avancen der Wissenschaftler aus Shanghai. Zur Zeit des Besuchs in Tokyo wurde für die Atomforschung durch die japanische Verwaltung „200 000 Volt“ elektrischer Energie zur Verfügung gestellt, wobei „Volt“ sicherlich „Watt“ heißen soll. Die Wissenschaftler forderten hingegen 200 Millionen Watt. Tokyo billigte schließlich eine Million Watt zu.
Im Bericht folgen noch ein paar wich-

tige Informationen zu Atomforschungsfabriken in der Mandschurei. Die Atomforschung wurde von zwei Firmen durchgeführt: die „Manchurian Development Company" und die „South Manchurian Railroad Company". Beide investierten laut dem Informanten viel Geld in dieses Projekt. „Manchuria" bzw. die Mandschurei ist die Bezeichnung für den Nordosten Chinas.

Angeblich wurden all diese Fabriken von den Japanern an den sowjetischen Marschall Malinowski, den Oberbefehlshaber der sowjetischen Streitkräfte im Norden, verkauft. Malinowski war, so wird berichtet, extrem großzügig beim Erwerb dieser Fabriken von den Japanern. Sein Ziel, so der Informant, war es, Unterstützung in der zukünftigen Entwicklung der Atomenergie zu erhalten. Nach Angaben von Hans wurde sämtliche Ausstattung für Atomforschung in der Mandschurei sowie die japanischen Experten in die Sowjetunion gebracht.

In „The Nuclear Axis" berichtet Henshall weiter, dass die Japaner Uran und auch Pechblende in der Mandschurei und Korea förderten.[31] Über die Höhe der Förderung wurde jedoch nichts bekannt. Er präsentiert auch einen Bericht der Amerikaner über die Bergbauaktivitäten der Japaner in der Mandschurei. In diesem Bericht wird als Zusammenfassung festgestellt:
Das kaiserliche militärische Hauptquartier GHQ in Tokyo, Japan, verpflichtete sich am oder um den 1. April 1944, große Mengen an Uranmineralien aus Gebieten zu gewinnen, die von japanischen Streitkräften besetzt waren. So erhielten die Amerikaner durch einen Informanten die Auskunft, dass militärische Einheiten, zivile Regierungsbehörden und private Firmen mit dem Studium oder der Ausbeutung von Uranvorkommen in der Mandschurei beschäftigt waren.

Anmerkung: Bei der Recherche zu den „RAMONA-Files" entdeckte der Autor ein zweites Dossier mit demselben Namen. Dabei handelte es sich um Aufzeichnungen zur Observierung einer 1946 in Spanien agierenden Gruppe. Das ist für unser Thema nicht von Bedeutung, jedoch - und das könnte für die Forschung über Atombombenentwicklung in Deutschland wichtig sein - gehörte ein Deutscher dieser Gruppe an. Es handelte sich dabei um einen Chemiker mit Namen Schroth, wobei der Name möglicherweise nicht korrekt buchstabiert wurde. Schroth, so wird kolportiert, habe sich auf der Insel Bornholm während der Besetzung durch die Deutschen mit der Erforschung der Atomenergie befasst. Die einschlägigen Untersuchungen der Amerikaner ergaben jedoch keine weiteren Informationen über diese Person. Die Insel Bornholm wird aber immer wieder im Zusammenhang mit der deutschen Atomforschung genannt.

Atomtest der Japaner in Korea?

Im Jahr 1946 erschien in der Zeitung „The Atlanta Constitution" ein Artikel mit der Überschrift: „Japan Developed Atom Bomb; Russian Grabbed Scientists".

In diesem Artikel wird ausgeführt, dass die Japaner einen erfolgreichen Test einer Atombombe durchgeführt hätten und zwar drei Tage vor Kriegsende. David Snell, der Autor, ging während seiner Dienstzeit in Korea im „24th Criminal Investigation Detachment"[32] kriminellen Aktivitäten gegen die Amerikaner nach. Dabei vernahm er einen

31 Henshall (2000), S. 145 f.

32 Einheit der Militärpolizei.

japanischen Offizier, der vorgab, in Hungnam[33] - Konan bei den Japanern - in der Spionageabwehr tätig gewesen zu sein. Er berichtete über ein Atombombenprojekt in Konan sowie über den erfolgreichen Test einer Atombombe. Nur Stunden vor der Einnahme Hungnams durch sowjetische Truppen wurden die noch unfertigen Atombomben sowie die dazugehörigen Pläne und Unterlagen vernichtet. Snell gibt dem Japaner ein Pseudonym, um dessen wahre Identität zu schützen: Captain Tsetusuo Wakabayashi. Alle Informationen wurden von Snell an den amerikanischen Geheimdienst in Seoul weitergegeben. Jedoch hielt, so Snell, das Kriegsministerium[34] einen Großteil der Informationen zurück. Der Artikel schlug natürlich wie eine Bombe ein, widersprach er doch der gängigen Vorstellung der Amerikaner von der Rückständigkeit der Japaner bei der Atombombenforschung und er konterkarierte die Verlautbarungen der offiziellen Stellen. Über die Existenz eines gigantischen und mysteriösen Industrieprojekts, das während der letzten Monate des Krieges in den Bergen in der Nähe der nordkoreanischen Küstenstadt Hungnam arbeitete, hatten die Amerikaner nur bruchstückhafte Kenntnisse. Auch die Uranversorgung soll von hier aus organisiert worden sein. Es waren somit die ersten Aussagen über die Aktivitäten in Hungnam überhaupt. Zum ersten Mal wurde das japanische Schweigen über die Atombombenentwicklung gebrochen.

Wakabayashi sagte weiter aus, dass in einer Höhle in einem Berg in der Nähe von Hungnam Männer an der Fertigstellung der japanischen Atombombe mit dem Namen „Genzai Bakuden" gearbeitet haben. Am 10. August 1945, also vier Tage nach dem Atombombenabwurf über Hiroshima und fünf Tage bevor Japan kapitulierte, wurde die Kernwaffe aus den Bergen nach Hungnam gebracht und dort auf ein Schiff verladen. Es wurden darüber hinaus vor der Küste in einer Bucht des Japanischen Meeres weitere Vorbereitungen getroffen, beispielsweise wurden dorthin auch alte Schiffe, Dschunken und Fischereifahrzeuge verlegt, wo sie vor Anker gingen. Am Morgen des 12. August nahm ein Schiff, beladen mit der japanischen Atombombe, Fahrt auf und lief ferngesteuert auf die Bucht zu. Die Japaner beobachteten das Geschehen aus gut 32 Kilometern Entfernung.

Am Ankerplatz angekommen detonierte die Atombombe auf dem Schiff. Die Beobachter, die Schweißerbrillen trugen, wurden dennoch geblendet. Der Durchmesser des Feuerballs wurde auf etwa einen Kilometer geschätzt.[35] Eine pilzförmige mehrfarbige Wasserdampfwolke stieg bis in die Stratosphäre auf. Wasser und Dampf verdeckten die Objekte. Schiffe und Dschunken brannten. Nachdem die Sicht wieder klar wurde, konnte man feststellen, dass einige Schiffe einfach nicht mehr vorhanden waren. Sie waren im Zentrum der Detonation im Millionen Grad heißen Atomfeuer regelrecht verdampft. An einen militärischen Einsatz der Atombombe war jedoch nicht mehr zu denken, da die Rote Armee kurz vor Konan stand.
Die Wissenschaftler und Ingenieure zerstörten das Inventar und vernichteten bereits teilweise fertig gestellte Atombomben. Die Höhle wurde anschließend gesprengt, jedoch konnten die Wissenschaftler selbst nicht ent-

33 *Stadt im Norden Koreas.*

34 *Seit 1949 Verteidigungsministerium.*

35 *Hinweis des Autors: Ein Feuerball mit einem Durchmesser von 1.000 Metern deutet auf eine Sprengkraft von ca. 100 kt (Kilotonnen) hin. Es wären also 100.000 Tonnen konventionelle Sprengstoff gewesen.*

kommen, da die Sowjets zu schnell das Gebiet besetzten. Soweit der Inhalt des Berichts von Captain Wakabayashi.

Die Reaktionen auf die Veröffentlichung des Berichtes ließen nicht lange auf sich warten. Heftiger Widerspruch kam sowohl aus Japan, aus der Sowjetunion und aus den USA. Als durch und durch erlogen stellte Yoshio Nishina, der Vater der modernen Physik in Japan, die geschilderten Ereignisse dar. Auch die Amerikaner bezeichneten das Ganze als Humbug.

Bis zum Jahr 1999 schien Gras über die Geschichte gewachsen zu sein. Die Skeptiker und Leugner einer japanischen Atombombe schienen Recht behalten zu haben. Doch wie fast immer kommt die Wahrheit irgendwann doch an die Oberfläche. So auch hier. 1999 entdeckte ein Mitarbeiter von JiJi Press, der japanischen Nachrichtenagentur, in einem Archiv in Washington D.C. zufällig einen GHQ/SCAP-Bericht[36]. Veröffentlicht wurde er in der „Tokyo Shimbun“ unter der Überschrift:

„Atom Bomb Experiment Undertaken by Former Japanese Armed Forces in Korean Peninsula Just Prior to the End of the War, According to Secret Investigation by GHQ”[37]

Nach diesem Bericht hat Japan versucht, während des Zweiten Weltkrieges eine Atombombe in der Chosen Stickstoffdüngerfabrik in Konan/Hungnam zu entwickeln. Am 12. August 1945 führten japanische Wissenschaftler dort einen Test mit dieser Bombe durch. Laut Augenzeugen muss es sich um die Auswirkung der Detonation einer Atombombe gehandelt haben. Kurz darauf nahmen die Sowjets Konan ein. Eine zensierte Version dieses Berichts sei 1947 von David Snell in der Zeitung „Atlanta Constitution“ veröffentlicht worden.

Nach dem GHQ/SCAP-Bericht wurden alle Angehörigen geheimer japanischer Einrichtungen nach der Einnahme von Konan durch sowjetische Kräfte festgesetzt und gezwungen, für die sowjetische Forschung zu arbeiten. Eigentlich erfolgte die Bestätigung von Snells Geschichte schon vier Jahre nach der Veröffentlichung in der „Atlanta Constitution“, also 1951, als US-Geheimdienstoffiziere die Existenz eines sowjetischen Atomforschungsprogramms in Hungnam öffentlich zugaben. Nach freigegebenen Berichten der CIA und der U.S. Air Force vernichteten B-29 „Superfortress“- Bomber der Far East Air Force (FEAF) aus Okinawa eine Metallraffinerie, die an die Düngemittelfabrik in Hungnam angrenzte. Es soll sich um ein Werk gehandelt haben, das Material zum Einsatz in Kernwaffen produzierte. In der Tat war es eine Magnesium-Aufbereitungsanlage in Hungnam, die auch für die Sowjets interessant war. Hintergrund: Die Sowjets überlegten, bei der Produktion von Atomwaffen zur Reduzierung von Uranoxyd zu Uranmetall anstelle von Calcium Magnesium zu verwenden. Ein in Österreich geborener Chemieingenieur namens Fritz Josef Hansgirg[38] hatte eine preiswerte Methode zur Massenproduktion von extrem reinem Magnesium entwickelt. In Hungnam/Konan half Hansgirg den Japanern, eine solche Magnesiumraffinerie aufzubauen. Daneben entwickelte er eine geradezu geniale Methode zur Gewinnung von

36 Great Head Quarter/Supreme Command Allied Powers.

37 Übersetzung: Atombombenexperiment durchgeführt durch die ehemalige japanische Armee auf der koreanischen Halbinsel kurz vor dem Ende des Krieges laut geheimen Untersuchungen durch das GHQ.

38 Fritz Josef Hansgirg (1891 bis 1949) war ein österreichischer Elektrochemiker und Metallurg, der 1929 ein neuartiges Magnesiumreduktionsverfahren entwickelte.

Schwerem Wasser. Nach der „Tokyo Shimbun" ordneten die Amerikaner eine Untersuchung an, die bestätigte, dass die Chosen Düngerfabrik gemeinsam mit der japanischen Marine schon seit Vorkriegszeiten Schweres Wasser produzierte. Da die Industrieregion Hungnam viel Energie verbrauchen würde, wurde das Chosin-Reservoir in den 1930er Jahren von Nichitsu (der Stickstoffdüngerfabrik) unter Shitagau Noguchi gebaut. In den Bergen nordwestlich von Hamhung (nördlich von Hungnam) errichteten japanische Ingenieure einige Dämme, sodass ein Stausee entstand, das Chosin Reservoir. Das Wasser dieses Stausees wurde in ein unterirdisches Aquädukt geleitet, das eine Reihe von Kraftwerken versorgte, die sich an der Ostseite des Jangbaik-Gebirges befanden. Von dort wurde die Energie über 66-kV-Überlandleitungen nach Hungnam transportiert.

Zusammenfassung:

- Informationen über die Entwicklung der industriellen Infrastruktur sind kaum vorhanden, da Korea seit 1905, nach dem Russisch-Japanischen Krieg, ein japanisches Protektorat war.
- Nach Ende des Zweiten Weltkrieges wurde Nordkorea von den Sowjets besetzt, daher ist der Zugang zu Informationsquellen sehr begrenzt.
- Schlüsseldokumente sind einzig zwei Berichte der CIA, die auch im Internet abrufbar sind.
- 1930 wurde in der Hafenstadt Hungnam/Konan auf Initiative des Industriellen Shitagau Noguchi die Chosen Stickstoffdüngerfabrik und ein Chemiekomplex errichtet. Dabei handelte es sich um die größte Stickstoffdüngerfabrik und den größten Chemiekomplex im Fernen Osten. Zusätzlich entstanden in der Umgebung eine Fabrik für Sprengmittel und weitere Chemieanlagen.
- Der Österreicher Fritz Johann Hansgirg errichtete zusammen mit Noguchi in dem Stickstoffdüngerkomplex 1934 ein Magnesiumwerk.
- Dabei ist interessant, dass der Amerikaner namens Winter von der „American Magnesium Metals Corporation" daran beteiligt war.
- Außerdem soll Hansgirg den Japanern bei der Errichtung einer Schwerwasser-Produktionsanlage geholfen haben. Schon vor 1934 entwickelte er zwei Methoden zur Produktion von Schwerem Wasser.
- Die Amerikaner identifizierten drei Fabriken für Schweres Wasser.
- Nach Aufklärungsergebnissen der U.S. Air Force befanden sich in Hungnam außerdem Gebäude mit Elektrolyseanlagen (Magnesium lässt sich aus wasserfreiem Carnallit[39] durch Elektrolyse gewinnen) und eine Thorium-Produktionsanlage[40] (Ausgangsprodukt ist Monazit-Sand, der in Nordkorea abgebaut wird).

Die unterirdischen Anlagen in Korea

Infolge der historischen Abläufe - hier vor allem die Folgen des Koreakriegs und der bis heute andauernden strikten Abschottungspolitik Nordkoreas - sind Informationen über die Infrastruktur in Nordkorea zu Zeiten der Besetzung durch die Japaner und danach Mangelware. Es gibt jedoch, bedingt durch den Krieg, ein kurzes Zeitfenster, in

39 Carnallit ist ein Mineral bestehend aus Kaliumchlorid, Magnesiumchlorid und Wasser, Vorkommen in Kalisalzlagerstätten.

40 Da Thorium als Ausgangsprodukt für U 233 (ebenfalls Einsatz in Atombombe) dienen kann, wurde diese Anlage von den Amerikanern im Koreakrieg bombardiert. Thorium siehe auch: Hauk, Rolf-Günter (2015). Kernspaltung und Gaslaterne: Die Verwendung von Thorium im Dritten Reich. tredition.

dem auch die westliche Welt in den Raum Hungnam/Konan, die dort angesiedelten Industrieanlagen und die Energieversorgung kurzzeitig Einblick bekam. Erst durch die Veröffentlichung Dwight R. Riders wurde ein Abschnitt des Koreakriegs bekannt, bei dem die amerikanischen Truppen kurzzeitig in dem Gebiet waren, in welchem laut der vorherigen Aussagen unterirdische Anlagen der Atomforschung dienten. Rider war nach eigenen Angaben 21 Jahre bei der U.S. Air Force als Geheimdienstspezialist und Offizier für Elektronische Kriegsführung tätig. Anschließend arbeitete er für die „Defense Intelligence Agency" (DIA) als Analyst für Stromversorgungssysteme und unterirdische Anlagen, besonders in Nordkorea. Er beschreibt die Vorgänge während des Koreakrieges von Ende November bis Anfang Dezember 1950 im Raum nördlich von Hungnam in der Umgebung des Dorfes Koto-Ri während der Schlacht um das Chosin-Reservoir. Im Oktober 1950 war Nordkorea nach der Gegenoffensive des Oberkommandierenden der UN-Streitkräfte, General Douglas MacArthur, in der Bucht von Inchon izu einem großen Teil durch UN-Truppen, die vornehmlich aus amerikanischen und süd-koreanischen Truppen bestanden, besetzt worden. Mitte Oktober überschritten „Freiwilligenverbände" der Volksbefreiungsarmee der Volksrepublik China die Grenze zu Nordkorea und begannen, die UN-Truppen wieder zurückzudrängen. Im Verlauf der überaus harten Kämpfe wurden Teile der UN-Truppen von den Chinesen eingekesselt. Der Rückzug auf Hungnam wurde unausweichlich. Dabei kam es zu der Schlacht um das Chosin-Reservoir.

Überlebende dieser Schlacht berichteten später über die Existenz unterirdischer Anlagen in der Nähe des Dorfes Koto Ri. Interessant dabei sind die Ergebnisse der Analyse der Stromversorgungssysteme, die diese unterirdische Anlage versorgten. So wurde von einer 66-kV-Leitung ausgegangen, die in die unterirdischen Anlagen mündete. Es war also davon auszugehen, dass in dieser Anlage ein großer Energiebedarf herrschte. Was die Analytiker jedoch erstaunte und für Spekulationen sorgte, war die Tatsache, dass es keine deutlich sichtbaren Anzeichen wie zum Beispiel Schornsteine gab, die auf einen hohen Energieverbrauch hingewiesen hätten. Deshalb kamen die Analysten zu dem Ergebnis, dass die unterirdische Anlage die Anforderungen für eine Urananreicherungsanlage oder einen Reaktor erfüllen würde. Da es in der Nähe ein unterirdisches Aquädukt gab, wäre zur Kühlung der Anlage auch genügend Wasser vorhanden gewesen. Leider wurden die Erkenntnisse von den amerikanischen Geheimdiensten, so Rider weiter, nicht weiterverfolgt. Auch Philip Henshall weist auf eine große Untergrundanlage hin[41], die die US-Marines hier vorfanden. Er schreibt weiter: „Es schien sich um ein Waffenmontagewerk zu handeln, da die Ausrüstung noch vorhanden war und an den Wänden Hinweisschilder zur Strahlengefahr angebracht waren". Der Ort der unterirdischen Anlage entsprach auch der Beschreibung der Lage durch den Zeugen von David Snell. Laut Rider existiert jedoch in US-Archiven kein Bericht über die Existenz einer unterirdischen Anlage. Gegen Ende Dezember 1950 gingen Soldaten, die vorher die unterirdischen Einrichtungen betreten hatten, an Bord eines nur für sie bereitgestellten Schiffes, wo sie neu eingekleidet und gründlich ärztlich untersucht wurden. Röntgenuntersuchungen sowie Blut-, Urin-, und Stuhlproben wurden jeden Tag genommen.

41 *Henshall (2000), S. 149.*

Nach fünf Tagen wurden die Soldaten auf einen Zerstörer der US-Navy verlegt. Dort blieben sie für weitere dreißig Tage auf hoher See, quasi in Quarantäne, bevor sie in Pusan (Südspitze der koreanischen Halbinsel) von Bord gehen durften. Für Rider ist dieser Vorgang ein deutlicher Hinweis auf die Existenz einer radioaktiv belasteten unterirdischen Anlage. Immerhin so deutlich und für die damals verantwortlichen Behörden so brisant-bedrohlich, dass sie sich zu einer solch drastischen Maßnahme entschlossen.

Wer war der mysteriöse Augenzeuge?

Der von Snell interviewte Augenzeuge trug den Namen Tsetusuo Wakabayashi. Das dies nicht der richtige Name des Mannes sein konnte, war jedem klar, der mit solchen Zeugen arbeitet, allein schon aus Gründen des Zeugenschutzes. Außerdem wies der Mann keine Verletzungen auf, die auf Folter zurückzuführen gewesen wären. Und das obwohl er behauptete, in Hungnam/Konan gewesen zu sein. Wenn dem tatsächlich so war, wie war er dann den sowjetischen Truppen entkommen - behaupteten doch andere Japaner, die aus Nordkorea fliehen konnten, dass die Sowjets Wissenschaftler, derer sie habhaft wurden, foltern würden. Darauf gab es in dem Interview keine Antwort. Rider behauptet in einem Internetartikel, „die wahre Identität" des mysteriösen Augenzeugen erkannt zu haben. Er führt hier an: Im Jahr 1995 gab ein gewisser Suzuki Tatsabuno ein öffentliches Interview unter der Bedingung, dass dieses nicht in Japan ausgestrahlt wird. In dem Interview sagte er aus, dass Japan während des Kriegs elf Pfund Uran angereichert hätte, welches nach dem Krieg von den Amerikanern beschlagnahmt wurde. Eine wichtige Information war außerdem, dass er kurz nach den Atombombenabwürfen auf Nagasaki und Hiroshima dort gewesen war. Diese Hinweise wertete Rider aus und kam schließlich zu dem Ergebnis, dass Suzuki Tatsabuno und Tsetusuo Wakabayashi identisch waren, ein und dieselbe Person also.

Nun zum Lebenslauf von Suzuki und damit zu den Argumenten, die zur Enttarnung von Tsetusuo Wakabayashi führten.

Suzuki wurde 1912 in Nagoya, Provinz Owari, geboren. Nagoya war damals das Zentrum der japanischen Porzellanindustrie. Suzuki studierte an der Tokyo Imperial University und spezialisierte sich dabei auf Physik und Röntgenstrahlen. 1937 schloss er das Studium ab und trat in die kaiserlich japanische Armee ein. Zusätzlich war er im RIKEN tätig. Nach dem Bekanntwerden der Entdeckung der Kernspaltung durch Otto Hahn im Jahr 1939 wurde auch in Japan die Möglichkeit einer auf diesem physikalischen Prinzip beruhenden Kernwaffe untersucht. Zu den Wissenschaftlern, die nach sechs Monaten Bearbeitungszeit einen zwanzigseitigen Bericht vorlegten, gehörte auch Suzuki. Der Bericht kam zu dem Ergebnis, dass eine solche Waffe gebaut werden könnte und Japan in seinem Imperium über genug Uran verfüge, um eine Atombombe zu bauen. Ein Kilogramm Uran 235 würde einer Sprengkraft von 18.000 Tonnen TNT entsprechen. Die Wärmediffusion wurde als Anreicherungsverfahren für Uran angesehen. In dem Bericht wurde ferner darauf hingewiesen, dass die USA wahrscheinlich ebenfalls schon an dem Problem arbeiten würden und Japan bei der Entwicklung der Bombe zurückfallen könnte. Dies stellt praktisch den Beginn des japanischen Atomwaffenprogramms dar. Der Bericht wurde an die verschiedenen Einrichtungen der Armee und der Marine verteilt. Suzuki beschäftigte sich anschließend mit der Entwicklung von Stahllegierungen. Spätestens ab Mai 1943 war er jedoch wieder am Atomprojekt beteiligt. Er führte jetzt den Dienstgrad „Hauptmann". In seiner Funktion war er für den Transport von angereichertem Uran von Nordchina nach Tokyo verantwortlich. Er brachte das spaltbare Material wahrscheinlich sogar persönlich nach Japan. Bergleute sagten auch aus, dass die Japaner zwischen Oktober 1944 bis März 1945 in Haicheng (Nordchina) eine Tonne Urankonzentrat pro Monat produzierten. Rider ist davon überzeugt, dass diese Kurierdienste nur eine Nebentätigkeit Suzukis waren, während seine Hauptarbeit im Management der Atomenergie- und Forschungseinrichtungen bestand, die der japanischen Armee unterstanden. Suzuki tauchte danach wieder als Oberstleutnant auf, der versuchte, in Sumitomos Amagasaki-Werk nahe Osaka Uran anzureichern. Erstaunlich ist für Rider dabei der schnelle Aufstieg Suzukis in der Hierarchie der Armee, da er erst 1937 in die Armee eintrat und schon 1945 zum Oberstleutnant avanciert war.

Im Jahr 1943 legten die japanische Armee und die japanische Marine ihr Atomwaffenprogramm zusammen. Obwohl die Amerikaner in drei Untersuchungen die Ergebnisse der japanischen Wissenschaftler unter die Lupe nahmen, blieb ihnen das Atomenergie- und Forschungsprogramm der IJN unbekannt. Es war als „F-Go" bekannt (siehe oben). Nach der Fusion der beiden Programme trug die Armee die Gesamtverantwortung für das Programm. In dem Interview von 1995 sagte Suzuki, dass er kurz nach den Atombombenabwürfen auf Hiroshima und Nagasaki zusammen mit anderen Wissenschaftlern zu den Orten der der nuklearen Katastrophe gefahren sei, um zu untersuchen, um was für eine Art Bombe es sich gehandelt hatte. Am 10. August 1945 wurde dann bekannt gegeben, dass es eine Atombombe gewesen war. Zwei Tage später (12. August) reisten Suzuki und weitere Militärangehörige nach Hamhung im Norden Koreas (nördlich von Hungnam), um den Stand des Atombombenprogramms zu ermitteln. Mit dabei war auch Kitigawa Tetsuzo. Tetsuzo war der Leiter der chemischen Abteilung der technischen Forschungseinrichtung der Marine in Meguro (Präfektur Tokyo), das die Leitung des Atomforschungsprogramms der japanischen Marine in Hamhung übernommen hatte.

Wenn der Kernwaffentest wirklich stattgefunden hat, war es natürlich notwendig, dass der Leiter des Atomforschungsprogramms der Marine persönlich anwesend sein musste. Daher waren sicher beide, Tetsuzo und Suzuki, bei dem Test vor Ort. Danach reiste Suzuki in Begleitung weiterer Offiziere und Forscher in die Mandschurei und nach China. Was er dort tat, ist nicht bekannt. Es ist jedoch davon auszugehen, dass er die japanischen Atomforschungseinrichtungen in der Nähe von Tientsin und Peking schließen ließ. Es soll angeblich 17 solcher Einrichtungen gegeben haben. Einige wurden von den Amerikanern untersucht. Die Ergebnisse wurden jedoch bis heute nicht veröffentlicht. Kurz vor Kriegsende verließen die Mitglieder dieser Gruppe China in Richtung Japan. Suzuki blieb in China und konnte nach Kriegsende nicht mehr zurück nach Japan. Ende Oktober 1945 wandte sich Suzuki an die US-Streitkräfte, die damals in Tientsin und Peking operierten. Von dort sandte der Oberbefehlshaber in China (COMGENCHINA) eine Nachricht an das Kriegsministerium, in der er mitteilte, dass ein japanischer „Leutnant“ Suzuki behauptete, Student an der Tokyo Imperial University gewesen zu sein. Und: Er hätte in koreanischen Minen Experimente mit Radium durchgeführt. Er teilte den Amerikanern außerdem mit, dass die Japaner schon ab November 1944 wussten, dass die USA im Begriff waren, eine einsatzfähige Atombombe zu entwickeln.

Da es in Tientsin keine Ermittlungsgruppe des „Criminal Investigation Detachment“ (CID) gab, wurde Suzuki von China nach Seoul in Korea geschickt. Dort wurde er von Amerikanern japanischer Herkunft („Nisei“) verhört. Hier lernte Snell Suzuki kennen und interviewte ihn.

Erwähnenswert sind noch folgende Aussagen von Tsetusuo Wakabayashi/ Suzuki:

- Die Japaner planten Atomwaffeneinsätze auf die B-29-Stützpunkte auf Saipan und Tinian, denn von dort aus flogen die „Superfortresses“ ihre verheerenden (konventionellen) Angriffe auf das japanische Mutterland.
- Die Atombombe war nicht vollständig entwickelt.
- Japans Militärführer warteten verzweifelt auf Atomwaffen, um den Krieg zu Gunsten der Japaner zu wenden.
- Die physikalischen Grundlagen, mit denen die Vereinigten Staaten die Atomdetonationen über Hiroshima und Nagasaki herbeiführten, ähnelten denen seines Teams.
- Nach der Zerstörung von Hiroshima und Nagasaki wollte Suzuki handeln und so schnell wie möglich eine Kernwaffe herstellen. Er wusste zu diesem Zeitpunkt aber noch nicht, dass der Krieg zu Ende war.

Fazit:
Ob Suzuki tatsächlich mit dem Augenzeugen Tsetusuo Wakabayashi identisch ist, kann nicht mit Gewissheit gesagt werden. Rider hat indes viele Einzelheiten zusammengetragen, die darauf hindeuten, dass diese Aussage zutrifft. Trotzdem bleiben Zweifel. Gewissheit würde es erst bei der Enttarnung des Augenzeugen geben. So bleibt es bis auf Weiteres pure Spekulation.

Offensichtlich sind die Japaner in ihrer Forschung an der Atombombe recht weit vorangekommen. Dies ist den bisherigen Ausführungen zu entnehmen. Besonders wichtig war in diesem Zusammenhang der GHQ-Bericht, der 1999 an die Öffentlichkeit gelangte und sich auf die Ausführungen Snells stützte. Wichtige Puzzleteile fehlen aber noch, beispielsweise die Antworten auf die Frage nach den Uranminen und nach den Anreicherungsanlagen in der Mandschurei. Über die Atomforschungseinrichtungen in Tientsin und Peking ist bis heute offiziell ebenfalls nichts bekannt. Das Gleiche gilt für die genauen Organisationsstrukturen der Atomwaffenforschung in Japan. Da die genannten Orte im Machtbereich Nordkoreas sowie in der Volksrepublik China liegen, sind weitere Informationen aus diesen Ländern praktisch ausgeschlossen, es sei denn, aus den amerikanischen Archiven kommt noch einiges an das Licht der Öffentlichkeit.

2 Die Baustellen der Führerhauptquartiere im Bereich Arnstadt - Wechmar - Ohrdruf (AWO)

Die Überschrift verrät es schon: Es gibt nicht nur ein „Führerhauptquartier" zwischen Arnstadt und Ohrdruf. In den Berichten der Zeitzeugen werden westlich und nördlich des Jonastals drei Baustellen benannt, auf denen ein sogenanntes Führerhauptquartier errichtet werden sollte (oder wurde). Doch selbst diese beschreiben eines als „altes FHQ" und eines als „neues FHQ". In einem dieser Berichte wird sogar eine Bauzeit erwähnt, von der heutige Baumeister nur noch träumen können – mit Zwangsarbeitern und KZ-Häftlingen als Arbeitssklaven war das auch kein größeres Problem. Zumindest nicht für die Bauherren.

Wir versuchen, die einzelnen Zeitzeugenaussagen mit Orten zu verbinden und dadurch den Wahrheitsgehalt der Aussagen zu bestätigen. Der Ehrlichkeit halber muss hinzugefügt werden, dass wir auch sich einander widersprechende Ortsangaben gefunden haben. Diese haben wir entsprechend gekennzeichnet. Die Originaltexte wurden eins zu eins kopiert, sie enthalten somit oft grammatikalische Fehler, wurden jedoch der Authentizität wegen nicht redigiert. Aufgrund der Länge mancher Aussagen haben wir nur die Textpassagen übernommen, die im Gesamtzusammenhang des Kapitels stehen. Der Vorteil: Unwichtiges entfällt, die Aussagen werden übersichtlicher. Somit können wir den unserer Ansicht nach wesentlichen Kern der Geschichte pointiert herausarbeiten. Wir drucken also die Originale ohne Änderung ab! Dennoch kommt es vor, dass wir wichtige Aussagen und Quellen mehrfach zeigen, weil sie zu unterschiedlichen Themen gehören.

Entnommen wurden die Zeitzeugenaussagen der Arbeit von Hans-Joachim König.[42]

Ermittlung des Standortes bzw. der Standorte des „Führerhauptquartiers":

Die Zeitzeugen geben verschiedene Standorte für das FHQ an, was zunächst Zweifel an ihrer Glaubwürdigkeit aufkommen lässt. Wir werden nachfolgend diese Aussagen auflisten und versuchen, sie einzuordnen.

#1 So gibt der Zeitzeuge Karl Juppe auf Seite 41 zu Protokoll:

> **„[...] eine unterirdische große Zentrale, welche ab November bzw. Februar 1944 - 45 in das FHQ umgebaut und eingerichtet wurde."**
>
> **„Es musste ja die gesamte Ausführung des FHQ durchgeführt werden, welche im März 1944 nur zu 40 Prozent fertig war, als der Führer in der Anlage war."**
>
> **„Ich selbst habe an folgenden Objekten gearbeitet: Burg ab 1944 als FHQ, [...]"**

42 König (2005)

Zusammengefasst:
- Es gab eine unterirdische Zentrale, genannt „Objekt Burg", die ab 1944 zum FHQ wurde.
- Das alte FHQ war im März 1944 zu 40 Prozent fertig gestellt.

#2 Im Brief eines anonymen Zeitzeugen wird auf Seite 56 ausgeführt:

> **„Dr. Kammler hatte dazu ja auch seinen Bunker in der Nähe des Eulenberges und des Führerhauptquartiers, welches unter dem Decknamen ‚Bernstadt' lief."**

Zusammengefasst:
- FHQ in der Nähe des Eulenberges
- Deckname von Kammlers Bunker: „Bernstadt"

Der Zeuge Klaus Werner verlegte auf zwei verschiedenen Baustellen im Gebiet Jonastal Elektrokabel.
Seine Aussage (Seite 89 f.):

> **„Die Baustelle „Zwei" war die Baustelle, welche auf der Strecke Fernamt Schloss bzw. Fürst-Günther-Schule Arnstadt zum Eulenberg/Mitteldeutsches Werk ging und von da zum Tambuch, zum Objekt Burg (ca. 3 km von Arnstadt) und zum Amt Eulenberg bei Bittstädt. [...]**
> **Das Objekt Burg musste von Februar bis Anfang März (1945) mit allen Mitteln fertig werden, d. h. die Räume die bereits fertig waren.**
> **So mussten wir zuerst die provisorischen Leitungen der drei Zufahrten beseitigen, dabei hatten wir große Probleme bei den Zufahrten von der Autobahn bei Wechmar und beim Gut Ringhofen. [...]**
> **Unsere Vorarbeiter teilten uns mit, dass der Führer im Objekt Burg sei und das Objekt Burg ein FHQ."**

Zusammengefasst:
- Objekt Burg ist ein FHQ, es sollte Anfang 1945 fertiggestellt werden.
- Es gab drei Zufahrten.

Erwähnt wurden eine Zufahrt zur Autobahn bei Wechmar und eine beim Gut Ringhofen, das Objekt Burg, ca. drei Kilometer von Arnstadt entfernt.

#3 In einem Schreiben des Zeitzeugen Dr. Weidemann-Hoffmann finden wir folgende Aussage:

> **„Ende März (1945) hörten wir, dass im Objekt Klipper - Geheimbezeichnung Burg - der Führer ist [...]**
> **Wir konnten aufzeigen, dass es drei Objekte gab: Olga-Jonastal, Jasmin-Jonastal und Klipper-Burg auf dem Platz".**

Zusammengefasst:
- „Objekt Klipper" hat danach die Geheimbezeichnung „Burg" und liegt auf dem Truppenübungsplatz Ohrdruf.
- Es ist nicht bekannt, ob mit der Aussage Nummer drei nur das FHQ oder ob mit „Jasmin" und „Klipper" auch andere Projekte in der Umgebung gemeint sind.

#4 Aussage des ehemaligen Oberleutnants Kaßmann (Seiten 131 und 134):

> **„In den Gesprächen wurde auch über das fast fertige Führerhauptquartier in der Nähe von Arnstadt gesprochen. Göring war sogar kurzzeitig mit einigen Leuten auf die andere Seite des Weinberges gegangen, um diesen einen Eingang zum neuen Hauptquartier zu zeigen. [...] Dabei erfahren wir von der großen Führerberatung von Adolf Hitler, seinen Ministern und Generälen im Führerhauptquartier, welches 3 km von Arnstadt entfernt war."**

Zusammengefasst:

- Der Eingang zum neuen FHQ Weinberg liegt bei Arnstadt.
- Die Entfernung zwischen Arnstadt und dem Führerhauptquartier beträgt drei Kilometer. Anmerkung: Weinberg ist eine Anhöhe bei Arnstadt.

#5 Auf Seite 140 sagt der Zeitzeuge Dr. Werner Meinel Folgendes aus:

> **„Unsere Flugzeuge wurden bis zur Lastgrenze mit Waren beladen für das Führerhauptquartier, welches ja in der Nähe von Arnstadt in Richtung Bittstädt errichtet worden war. Selbst war ich nie in diesem, aber es muss wohl eine richtige unterirdische Stadt gewesen sein. Da ja in das Quartier bei Bittstädt und bei Mühlberg sogar LKWs hineinfahren konnten."**

Zusammengefasst:

- Nach dieser Aussage liegt das FHQ im Raum Bittstädt - Mühlberg.

#6 Auf Seite 68 wird die Aussage seines Kollegen Schröder zitiert:

> **„Es ist bekannt und auch wahr, es gab das Führerhauptquartier aber nicht im Jonastal, sondern zwischen Arnstadt und Bittstädt [...]**
> **Eine Einfahrt war in Bittstädt im Heidenholz, eine am Eulenberg und eine ging über den Lämmergraben sowie eine über den Stollen mit der Nr. 31.**
> **Das Vorwerk Eichfeld hatte die zentrale Luftversorgung und dort war auch ein Fahrstuhl.**
> **Der Befehlsstand war im Eulenberg und in der Ebanotte.**
> **Im Eulenberg war auch ein direktes Fernmeldeamt mit Unterstandsbau und direkter Verbindung zum Arnstädter Schloss. Ein Ausweichquartier war in den so genannten Gipsstollen unter der Wachsenburg. Der Haupteingang befand sich, wenn man den Fußweg zwischen Arnstadt und Bittstädt geht, rechts wo der Hochwald beginnt nach 200 m hin."**

Zusammengefasst:

- Hier liegt das FHQ zwischen Arnstadt und Bittstädt.
- Die Einfahrten befinden sich bei Bittstädt im Heidenholz, am Eulenberg, am Lämmergraben und beim Stollen Nr. 31.

#7 Von Ende 1944 bis Frühjahr 1945 wurde an Stollen für ein FHQ gebaut. Das geht aus einer Zeugenaussage von Karl Fiebinger aus Wien hervor. Fiebinger war der Inhaber des Ingenieurbüros, das an vielen unterirdischen Großbaustellen im Dritten Reich beteiligt war.

Die nachfolgende, vom Autor ins Deutsche übersetzte Aussage, die Fiebinger während des Verhörs durch die Amerikaner machte, wird auch in der ZDF-Dokumentation „Geheime Unterwelten der SS-Wunderwaffen und Verstecke“ erwähnt und ist ab Minute 28 zu sehen:

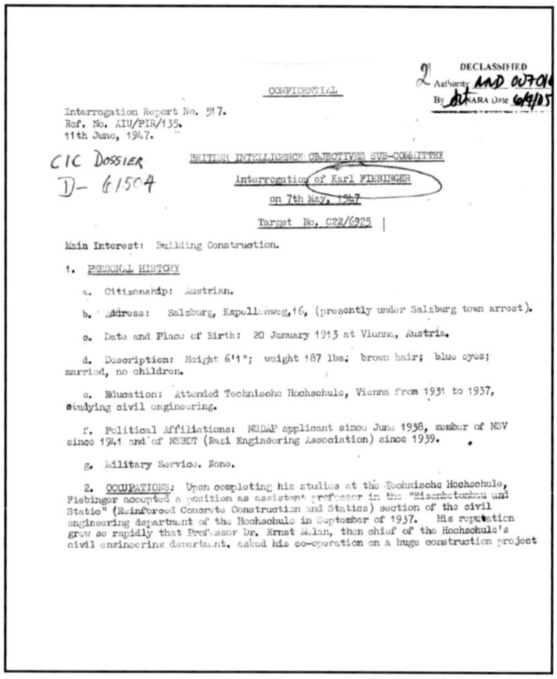

DECLASSIFIED Authority NND 007014 By NARA Date 6/9/05

CONFIDENTIAL

Interrogation Report No. 517.
Ref. No. AIU/PIR/135.
11th June, 1947.

CIC DOSSIER D-61504

BRITISH INTELLIGENCE OBJECTIVES SUB-COMMITTEE

Interrogation of Karl FIEBINGER

on 7th May, 1947

Target No. C22/6925

Main Interest: Building Construction.

1. PERSONAL HISTORY

a. Citizenship: Austrian.

b. Address: Salzburg, Kapellenweg,16, (presently under Salzburg town arrest).

c. Date and Place of Birth: 20 January 1913 at Vienna, Austria.

d. Description: Height 6'1"; weight 187 lbs; brown hair; blue eyes; married, no children.

e. Education: Attended Technische Hochschule, Vienna from 1931 to 1937, studying civil engineering.

f. Political Affiliations: NSDAP applicant since June 1938, member of NSV since 1941 and of NSBDT (Nazi Engineering Association) since 1939.

g. Military Service. None.

2. OCCUPATIONS: Upon completing his studies at the Technische Hochschule, Fiebinger accepted a position as assistant professor in the "Eisenbetonbau und Static" (Reinforced Concrete Construction and Statics) section of the civil engineering department of the Hochschule in September of 1937. His reputation grew so rapidly that Professor Dr. Ernst Melan, then chief of the Hochschule's civil engineering department, asked his co-operation on a huge construction project

„Entwurf und Bau eines Bunkers (Luftschutzbunkers) als letztes Hauptquartier für Adolf Hitler und seine Mitarbeiter. Der Standort der Anlage soll 10 Kilometer südlich der Stadt Gotha Deutschland und 2 Kilometer vom Dorf Krahwinkel in Richtung Arnstadt liegen. Der streng geheime Auftrag für dieses Projekt wurde Fiebinger von SS-Obergruppenführer (General) Kammler am Weihnachtstag 1944 mit der Anweisung erteilt, das Projekt vor dem 15. April 1945 abzuschließen. Der Auftrag sah den Bau von drei horizontalen Tunneln in Richtung eines Hügels mit Verbindungspassagen vor. Es wurde im März 1945 aufgegeben, als die Tunnel fast fertig waren.“

Dass diese drei parallelen Stollen tatsächlich existieren, wurde durch einen Bergmann bestätigt, der in den 1980er Jahren eine Begehung der Stollen vornahm. Eine kurze Filmsequenz mit diesem Kumpel ist auch in der ZDF-Dokumentation zu sehen. Laut Frank Döbert, Journalist und Co-Autor der Dokumentation haben ehemalige KZ-Häftlinge bei Befragungen nach dem Krieg ebenfalls von Stollen gesprochen, die eine Länge von sechs Kilometern hatten und von einem Ende des Berges zum anderen reichten.

Zusammengefasst:

- Es gab ein Bauvorhaben für drei Stollen mit Verbindungstunneln zu einem Führerhauptquartier von sechs Kilometern Gesamtlänge durch den Berg.
- Das Projekt sollte im April 1945 abgeschlossen sein, es wurde jedoch im März 1945 aufgegeben.

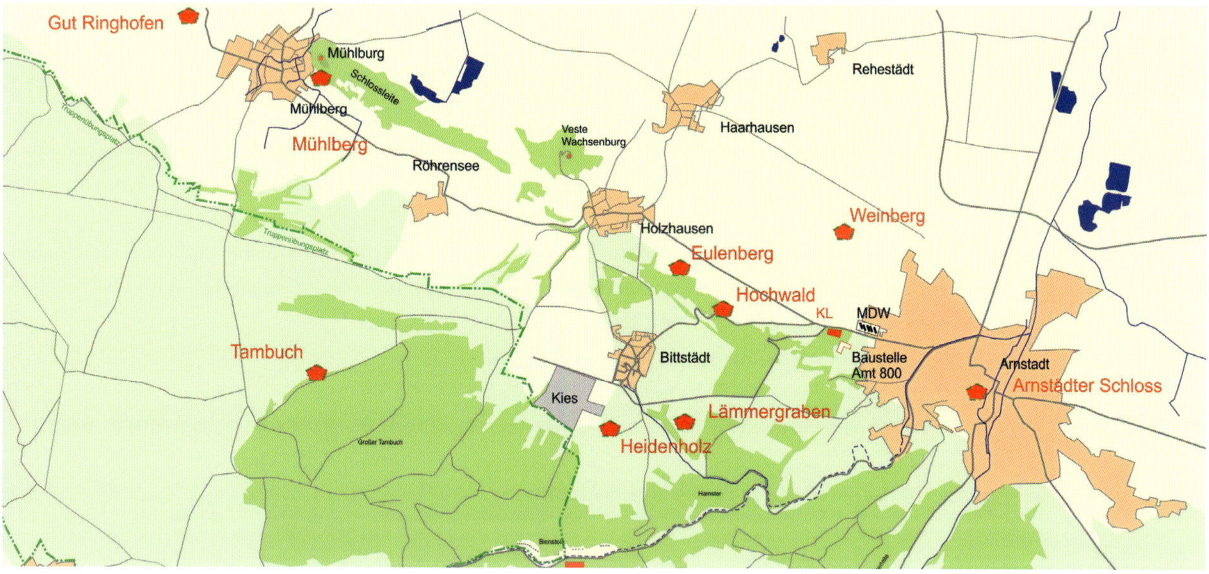

Ansicht der in den Zeitzeugenaussagen genannten Orte. Hier ist besonders die Übereinstimmung mit dem Wald „Heidenholz" und der von uns mit Georadar gemessenen und verzeichneten Einfahrt erwähnenswert. Die Eingänge „Eulenberg" und „Hochwald" sind bereits geortet. Wechmar liegt nördlich von Mühlberg, auf der anderen Seite der Autobahn. Hier soll sich eine Autobahneinfahrt in Form eines Fahrstuhlschachtes für Pkw zum FHQ befinden.
(siehe Kapitel 5 Die Autobahneinfahrten zum Führerhauptquartier)

In den Zeitzeugenaussagen wurden folgende Orte genannt, die wir in der nächsten Karte zur besseren Übersicht geografisch einordnen:

Eulenberg	N 50°5034 - O 10°5354
Tambuch	N 50°4959 - O 10°4945
Wechmar	N 50°5328 - O 10°4631
Heidenholz	N 50°4943 - O 10°5340
Hochwald	N 50°5016 - O 10°5446
Arnstädter Schloss	N 50°5050 - O 10°5659
Weinberg	N 50°5190 - O 10°5590
Gut Ringhofen	N 50°5213 - O 10°4827
Mühlberg	N 50°5250 - O 10°4959
Lämmergraben	N 50°4936 - O 10°5345

#8 Der Zeitzeuge David Hans Hoffmann gibt auf Seite 37 an:

> **„Das FHQ war ab Anfang März 1945 dienstlich komplett fertig, d. h., die Konferenzräume (ca. 12 x 8 m bzw. 20 x 8 m), der Lagerraum (10 x 8 m bzw. 8 x 8 m), Hitlers persönliche Räume (ca. 6 x 4 m) sowie Schlafräume und Sanitäreinrichtung. Diese Räume waren in einfacher Ausstattung, wie es Hitler recht war. Vom anderen FHQ waren ca. 50 % fertig, so der große und kleine Speisesaal, Aufenthaltsräume, große Küche, Schwimmbecken, Gastschlafräume usw. Diese Räume waren mit dem Luxus der damaligen Zeit versehen, d. h. Polsterausstattung, künstliche Fenster mit Sonnenschein und Landschaftsbild, Meißner Porzellan und goldenem Besteck."**

Zusammengefasst:

- Diese Aussage geht über die vorherige noch weiter hinaus und bestätigt sie damit. Sie steht aber im Widerspruch zu Hitlers Wunsch, für ihn keine luxuriösen Unterkünfte zu errichten.
- Die Existenz künstlicher Fenster wird ebenfalls bestätigt, und zwar unabhängig voneinander, denn eine Zeitzeugenaussage kommt aus Israel und dürfte sicherlich nicht abgesprochen worden sein.

Auswertung der Zeugenaussagen:

Es gab zwei Standorte für das FHQ:

1. Der erste lag in der Nähe von Bittstädt und Mühlberg mit LKW-Zufahrten. Er war bis März 1944 zu 40 Prozent fertig gestellt. Einfahrten waren in Bittstädt im Heidenholz, am Eulenberg, Lämmergraben und dem Stollen Nr. 31. (Position bisher unbekannt).

2. Danach wurde entschieden, eine schon vorhandene unterirdische Anlage zu einem Führerhauptquartier umzubauen. Notwendig war dafür auch die Errichtung neuer Stollenanlagen, zu deren Planung das Ingenieurbüro Fiebinger den Auftrag erhielt. Der Ausbau dieser Anlagen wurde im März 1945 aufgegeben bevor sie den Endausbau erreicht hatten. Für den April 1945 war der Abschluss der Bauarbeiten vorgesehen. Das Objekt trug den Namen „Burg“.

Dies bestätigt die Eintragungen auf unserer Karte. Dort ist ein FHQ südlich von Holzhausen mit den Koordinaten N 50°50`43 O10°53`51 eingezeichnet. Ein „Objekt Burg“ ist ebenfalls auf der Karte verzeichnet mit den Koordinaten N 50°49`33 O 10°49`20 und liegt auf dem Truppenübungsplatz Ohrdruf, genauer: beim Tambuch (eine Waldregion auf dem Truppenübungsplatz).

#**8** Bestätigt wird dieser Standort durch den Zeitzeugen Dr. Weidemann-Hoffmann mit der Aussage:

> **„Ende März (1945) hörten wir, dass im Objekt Klipper - Geheimbezeichnung Burg - der Führer ist. [...] Wir konnten aufzeigen, dass es drei Objekte gab: Olga-Jonastal, Jasmin-Jonastal und Klipper-Burg auf dem Platz.“**

Stand des Ausbaus:

Sehr oft wird die Meinung vertreten, dass der Ausbau der Anlagen nicht über den teilweisen Rohausbau der Stollen hinausging. Dieser Ansicht widersprechen folgende Zeitzeugen:

#9 Alfred Greiner (Seite 72)

> **„Wir hatten eine ganz besondere Arbeit auszuführen, dazu standen uns noch zwei Landschaftsmaler und drei Frauen (die waren in der Handschuhfabrik in der Rosenstraße mit dem Nähen der Gardinen beschäftigt). Auch sie wußten ja nicht, für was wir Gardinen brauchten. Wir mußten in verschiedenen Räumen des neuen FHQ Kunstfenster anbringen. Damit man glaubte, man sei in richtigen Räumen, wurden in den Bunkerzimmern richtige Fenster angebracht. Zwischen den Betonwänden und der Holzverkleidung wurden in das Holz von Tischlern nach unseren Angaben Fenster angefertigt. Auf der Betonwand mußten unsere Künstler nun Landschaften anbringen (auf Hitlers Wunsch Bilder, wo man Alpen sah oder von Bergen ins Tal sah). Um die Fenster, zwischen Beton und Verkleidung, mußten wir dann eine Ascheverfüllung einbringen. Gleichzeitig mußten zwei Elektriker mit sogenannten Zeituhren Licht in die Fenster bringen, d. h. links unten war Morgendämmerung, oben war Sonnenlicht und rechts war Abendlicht. Vor den Fenstern mußten Gardinen angebracht werden, die z. B. den Raum mit dem hellen Sonnenlicht der Mittagszeit abdunkelten. Bei einigen Fenstern mußten nur halbe Gardinen angebracht werden. Ich habe mal so durchgezählt, wobei noch lange nicht alle Räume fertig waren, haben wir in 32 Räumen Fenster angebracht. Sogar mußten wir in zwei Küchenräumen Oberfenster anbringen und kleine Fenster in die Speisekammern. Wir wurden stets in geschlossenen Autos in das FHQ gebracht. Ich kann nichts über Eingänge noch kann ich einen Lageplan aufzeigen. Wir wurden bei unserer Arbeit stets von der SS bewacht und konnten uns keinen Schritt frei bewegen.**
>
> **Gelesen und beglaubigt: gez. Greiner“**

Zusammengefasst:

- Alfred Greiner bestätigt nicht nur die Existenz, sondern sogar das Innendesign.
- Das Problem der stumpfen Betonwände wurde mit Vertäfelungen und sogar mit angetäuschtem Fenster übermalt.

#10 Der Zeuge Klaus Werner verlegte Elektrokabel auf zwei verschiedenen Baustellen im Gebiet Jonastal. Seine Aussage zu den Arbeiten im Objekt Burg (Seite 90):

> **„Besonders schwer war die Anbringung der von Leitungen in den fertigen Räumen. So mussten wir zum Teil die Holztafeln wieder abmachen, um unsere Leitungen dahinter zu verlegen. Noch schwerer waren die Arbeiten auf den Fliesen und in den Kühlräumen, wo ja die Eisentüren alles zumachten. Jeden Tag wurden neue Möbel gebracht, sowie in den Magazinräumen Güter in Kisten aus Berlin eingelagert und zum anderen wurde auch Verpflegung gebracht.“**

#11 Der Zeitzeuge Dr. Werner Meinel stützt diese Aussagen (Seite 140):

> **„Unsere Flugzeuge wurden bis zur Lastgrenze mit Waren beladen für das Führerhauptquartier, welches ja in der Nähe von Arnstadt in Richtung Bittstädt errichtet worden war.“**

Zusammengefasst:

- Diese Aussage bezieht sich, so hat es den Anschein, auf das alte FHQ. Jedoch war auch dieses schon zu 40 Prozent fertig.
- Außerdem ist es wohl sehr wahrscheinlich, dass die Waren dann in den neuen Standort transportiert wurden oder werden sollten.

Blick in die Baugrube des Amtes 800, 1955 umgewandelt als Bergbad bei Arnstadt. Am rechten Bildrand ist die Ausbeulung des Stollenmundes, aus dem das Wasser schoss, erkennbar.

Vom Amt 800 bis zum Führerhauptquartier

Das „Amt 800“, so die allgemein übliche Bezeichnung (Fernmeldeamt der Reichspost, baugleich mit dem Bunker „Zeppelin“ in Wünsdorf), wurde in Arnstadt als „Bergbad“ bekannt. Durch einen unglücklichen Zufall wurde während der Bauarbeiten eine unterirdische Wasserader angebohrt und dadurch die komplette Baustelle geflutet. Selbst auf den Luftbildern ist der durch den Wasserschwall verursachte Schaden deutlich sichtbar. Die Baustelle wurde durch diesen Schaden unbenutzbar und deshalb aufgegeben. Nach dem Krieg nutzten Arnstädter Bürger die Baustelle als Schwimmbad.

Nach dem Krieg wurde die Baustelle als Müllkippe benutzt und irgendwann zugeschüttet. Damit die Baugrube nicht wieder freigelegt werden konnte, wurde die Fläche bebaut.

Trockengelegte Baustelle im Zustand von 1954. Auf beiden Fotos sind die Reste der Stützmauer sichtbar.

Luftbild aus dem Jahre 1945. Oben im Bild als helles Rechteck erkennbar ist das Gelände der „Mitteldeutschen Werke" (MDW). Diese spielen im weiteren Verlauf noch eine interessante Rolle. In der Mitte unten ist der Aushub der Baustelle deutlich sichtbar. In der Fotogrammetrie[43] wird erkennbar, dass der Aushub dem der Bauwerke auf dem Bild nicht entspricht. Weit mehr Aushub kommt aus dem Tunnel, der links der Baustelle in den Berg führt.
Die GPS-Position lautet: N 50°5514 - O 10°1055

In der Vergrößerung deutet der grüne Pfeil auf den Stolleneingang des Amtes 800. Für die nächste Verbindung zur Orientierung ist die Straße oben rechts in der Ecke mit der Biegung als Orientierungspunkt wichtig. Dieser Straßenverlauf existiert noch heute.

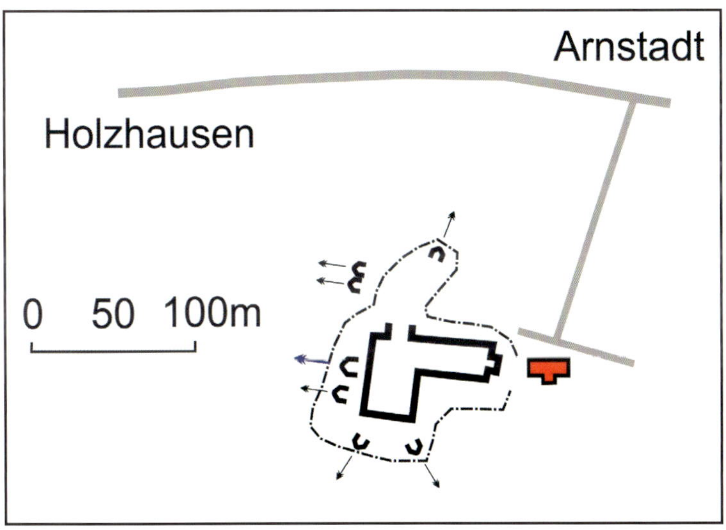

Karte der Stolleneingänge auf der Baustelle Amt 800 nach der Auswertung von Luftbildern. Wassereinbruch (blau).[44]

43 Fotogrammetrie: Gruppe von berührungslosen Messmethoden und Auswerteverfahren, um aus den Fotografien eines Objektes durch Bildmessung seine Lage und Form indirekt zu bestimmen sowie durch Bildinterpretation dessen Inhalt zu bestimmen.

44 Quelle: Zeichnung des Deponieuntergrunds, inspiriert vom Methodenhandbuch, am Fallbeispiel Eulenberg - Arnstadt (Seite 607, Kühn & Hörig 1995).

In einer Fotomontage aus einem heutigen Luftbild und einem 1945 aufgenommenen Luftbild wird die Position des Bauwerks und des Tunnels sichtbar. (Bildmontage durch die Autorin).

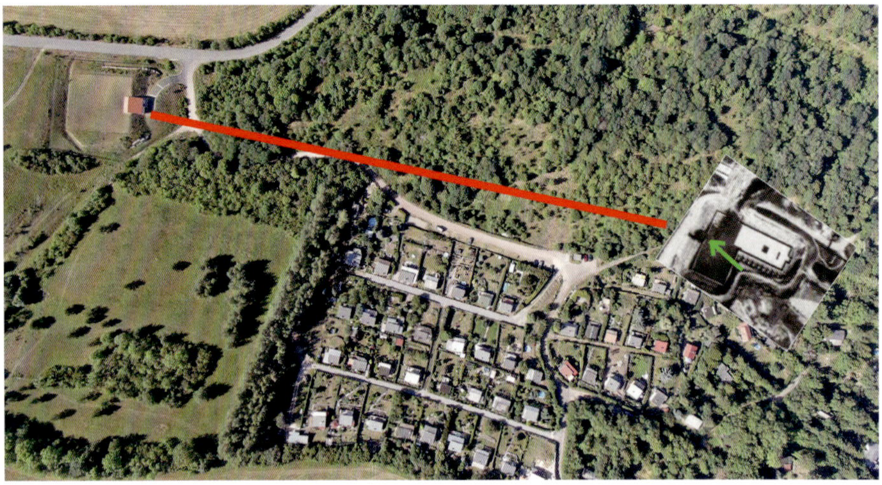

Unten: Luftaufnahmen der Autorin, Fotomontage. Übersicht über die Verdachtsflächen entlang der Straße Arnstadt - Holzhausen. An den Waldkanten sind tatsächlich Stolleneingänge zu finden.

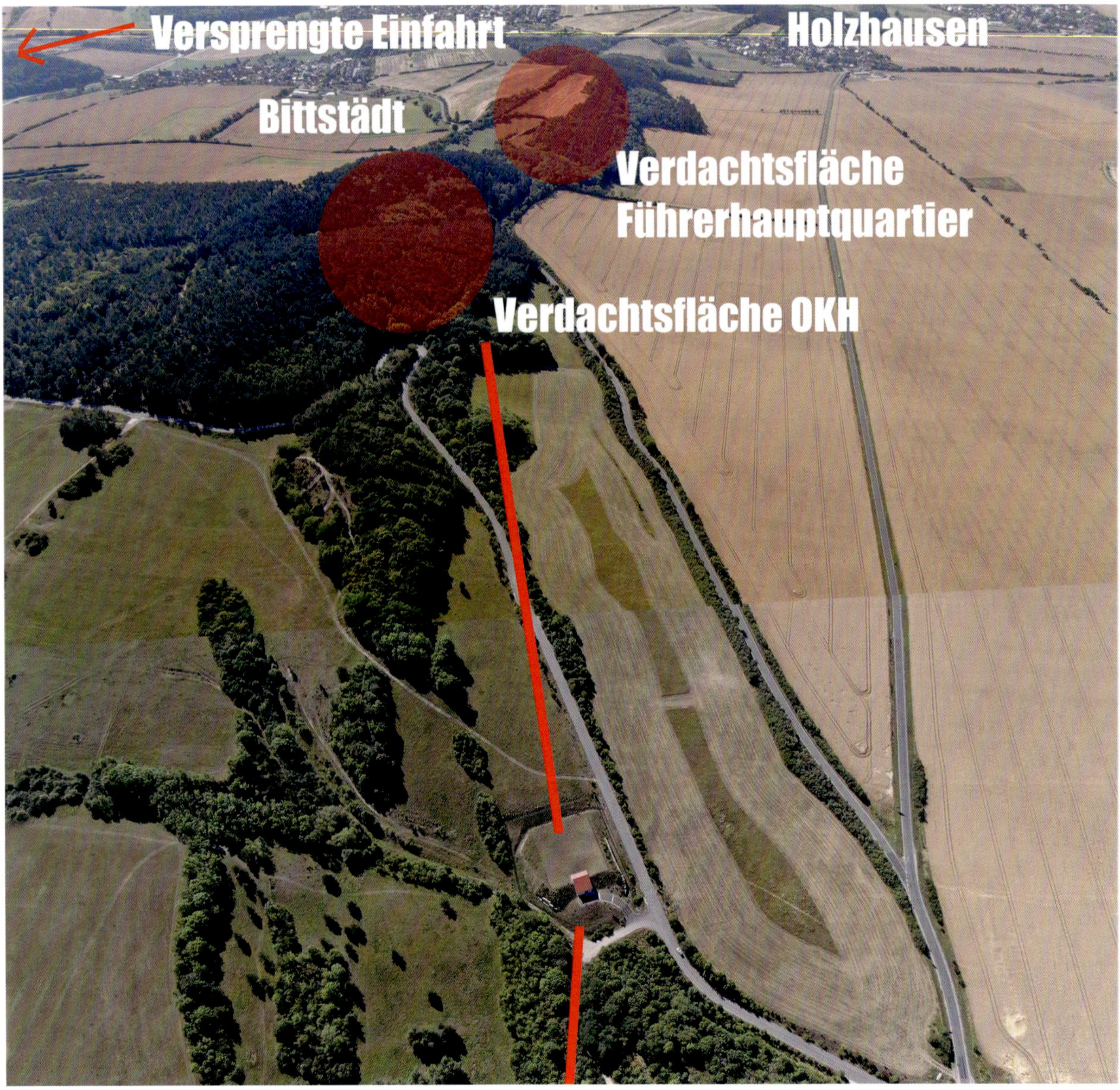

Das erstaunliche daran ist die Richtung (hervorgehoben durch die rote Linie) zwischen dem in den 2000er Jahren errichteten Wasserspeicherwerk und dem Tunnel. Beides scheint in einer engen Verbindung zu stehen. Anwohner berichteten aus der Bauzeit, dass „Unmengen von LKW den Aushub von der Baustelle abfuhren, der nicht zum Volumen des Bauvorhabens passte“. Im Verschwiegenen wurde uns aus den Arnstädter Stadtwerken berichtet, dass dieses Wasserspeicherwerk mit dem Tunnel des Bergbades tatsächlich in Verbindung steht und dass es das Wasser, das damals die Baustelle flutete, heute nutzt. Nach unseren Recherchen aber bohrte man den Tunnel 1944 nicht, um Wasser zu finden, sondern um eine Verbindung zu dem im Berg weiter westlich liegenden Bunkern des Oberkommandos des Heeres und dem sich anschließenden Führerhauptquartier herzustellen.

Mit den Karten hatten wir aber ein kleines Problem: Es gibt dort nämlich zwei Orte, die einmal mit „FHQ“ und ein anderes Mal mit „Ausweichquartier“ beschriftet sind.

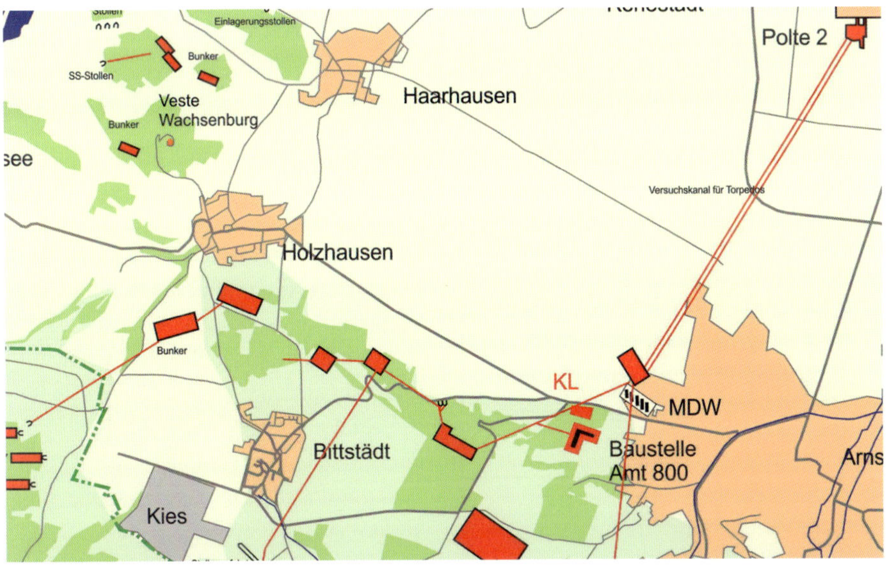

Wie schon beschrieben befindet sich der Hauptkomplex südostwärts von Holzhausen. Auf den Karten wird aber auch ein Ausweichquartier für den Notfall rund um die Veste Wachsenburg beschrieben. Es ist also durchaus möglich, dass es sich hierbei um das Objekt „Burg“ handelt, das Zeitzeugen beschreiben.

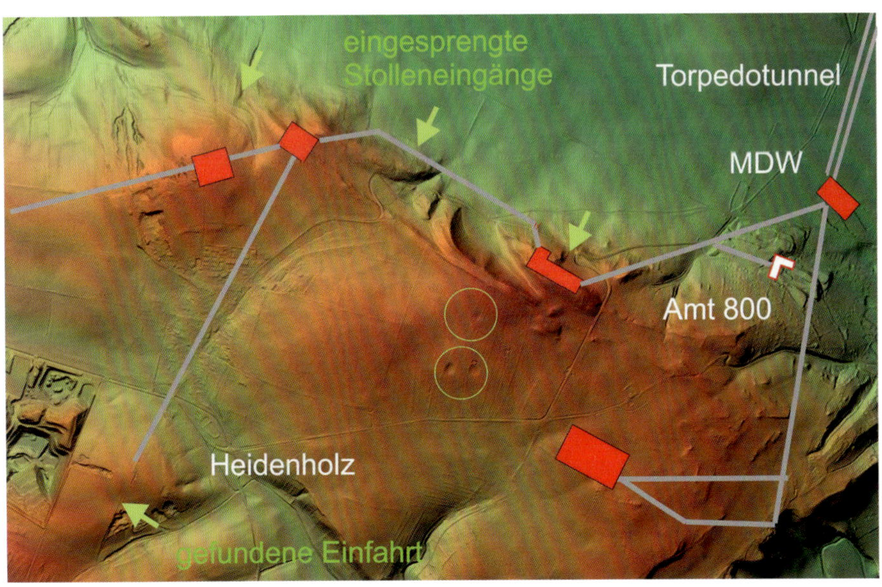

In der Darstellung des geographischen Höhenprofils ist die oben gezeigte Zeichnung sogar stimmig. Besonders eindrucksvoll sind die drei Löcher im Boden, hervorgehoben durch die beiden gelben Ringe in der Bildmitte.

Zu beachten ist die Lochreihe am rechten oberen großen Krater. Diese Reihe sowie eine weitere am linken Krater - sie führt nach oben - sind Bohrlöcher. Sie sind auf eine Reihe von Testbohrungen zurückzuführen, mit denen man versucht hat, die im Berg befindlichen Stollen anzubohren.

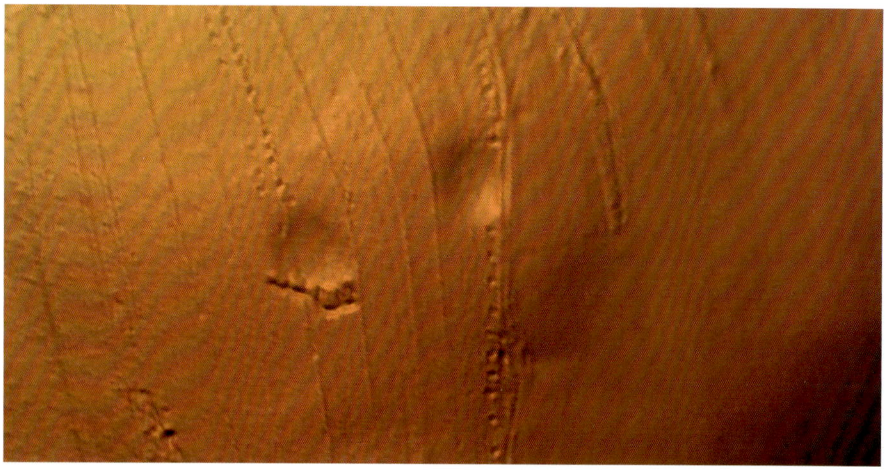

Daraus folgern wir:

Es muss demnach Personen geben, die diese Ergebnisse kennen. Nur leider werden sie der Öffentlichkeit nicht zugänglich gemacht. Die schiere Anzahl an Bohrungen lässt aber den Verdacht zu, dass man nichts von dem gefunden hat, wonach man eigentlich suchte. Sonst hätte man wohl an der Fundstelle aufgehört weiterzubohren.

Wie wir aus den Bauberichten zu anderen Führerhauptquartieren wissen, wurde der Platzbedarf für ein FHQ nicht allein von Hitler festgelegt. Bei Baubeginn des neuen Hauptquartiers hat niemand mit einem Baustopp infolge des nahenden Kriegsendes gerechnet - dies offen zu äußern wäre einem Todesurteil gleichgekommen! Wer aber offenen Auges das Geschehene betrachtete konnte indes zu keinem anderen Schluss kommen. Der Platzbedarf für diese Machtzentralen ist hinreichend aus der „Wolfsschanze" bekannt. Wir können davon ausgehen, dass bei der Planung der Bereiche für den Stab sowie für das Betriebs- und Sicherungspersonal deren erforderliche Größe und Lage innerhalb des Komplexes mit eingeplant wurden. Dies könnte nicht nur die Verbindungstunnel, sondern auch die vielen weiteren Bunker im Umfeld erklären. Immerhin weist die Karte einen Bunker speziell für die SS nördlich der Wachsenburg aus. Leider ist der Informationsgehalt der Karte für uns nur sehr begrenzt. Wir wissen beispielsweise nicht, ob zwischen den Bunkern bei Holzhausen und dem FHQ doch ein Verbindungsstollen existiert. Andererseits sind die „Russenkarten" schon recht zuverlässig. Wir wissen des Weiteren auch nicht, wer in der Anlage nach dem Krieg war. Erstaunlich ist in diesem Zusammenhang ein Zeitzeuge, der sich an das Verschließen des Zuganges, der aus dem Schloss Arnstadt führt, noch lange nach dem Krieg erinnert.

Am unteren Rand der Lagepunkte ist die Position der Einfahrt mit einem roten Pfeil gekennzeichnet.

Diese Einfahrt deutet auf die in den Zeitzeugenberichten erwähnte Einfahrt „Heidenholz" hin.

Konzentrieren wir uns nun auf die Messungen hinter der vermuteten Einfahrt. Jedoch müssen wir darauf hinweisen, dass es sich bis zur endgültigen Auswertung der Georadarmessung bei dem eingestürzten Bo-

Im rot markierten Feld befindet sich die durch Sprengung geschaffene Einfahrt, deren Breite und Länge auf die Zufahrtsmöglichkeit für größere Fahrzeuge wie Lkw hinweisen. Im Hintergrund die Kiesgrube bei Bittstädt.

In der Gegenrichtung ist der Einschnitt neben dem Weg besser zu sehen. Die Vergrößerung zeigt den Sprengbereich deutlicher.

denbereich auch um eine einfache Schüttung handeln könnte. Die abschließende Prüfung unserer Ergebnisse ließ indes den mit an Sicherheit grenzenden Schluss zu, dass wir tatsächlich auf eine der Einfahrten in Richtung „Amt 800", Führerhauptquartier und OKH gestoßen waren.

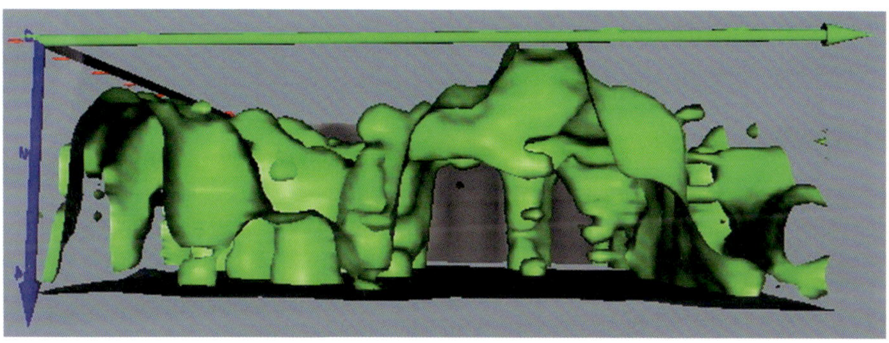

Georadarauswertung der Fläche hinter der Einsprengung. Blick durch den Tunnel (Bildmitte; hintere Fläche zum besseren Kontrast verdunkelt). Der linke Rundbogen scheint ein Personalzugang zu sein, was aus Sicherheitsgründen durchaus üblich war.

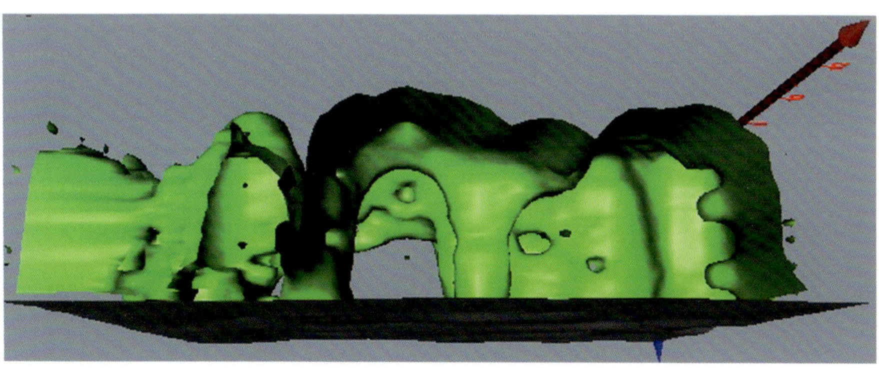

Auf der Rückseite weitet sich die Durchfahrt und zweigt nach Westen ab. Eine weitere Messung in dieser Richtung bestätigte, dass vom Haupttunnel eine Abzweigung abgeht. Die Decke im rechten Bereich wird mit einer Säule abgestützt.

Die Auswertungsergebnisse wurden hinsichtlich ihrer Darstellung so aufgearbeitet, dass freie Strecken in rot-gelb und die Säulen in blau sicht- und erkennbar sind. Die geografische Zuordnung ist im Bild beschrieben.

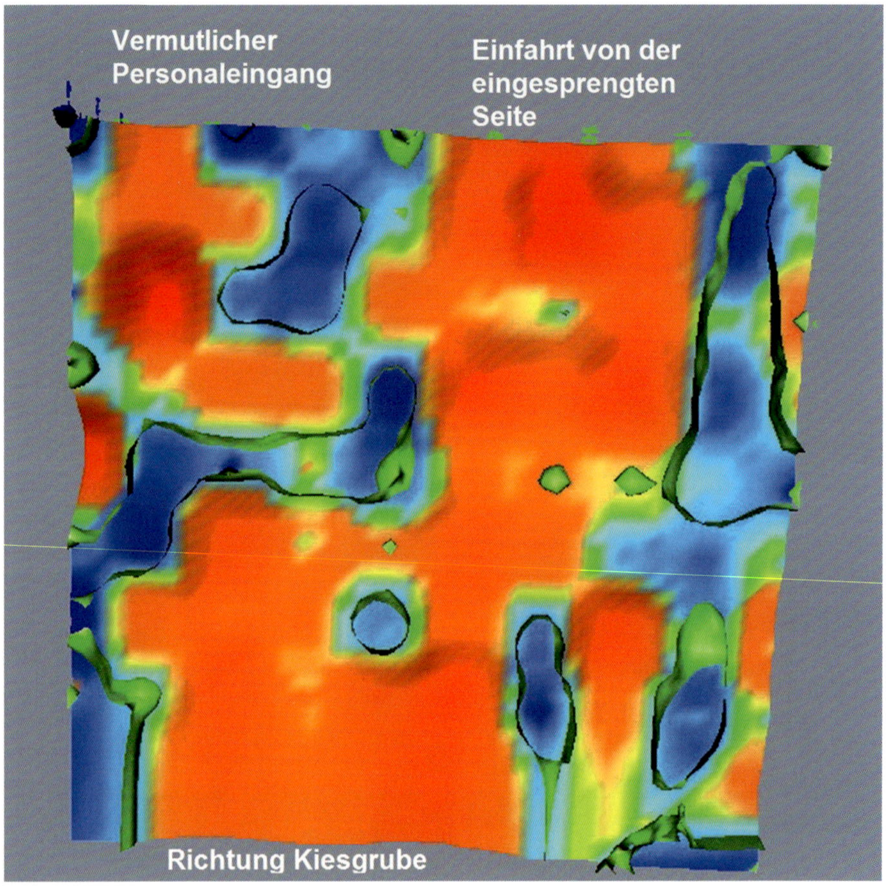

Aus dem Blickwinkel der im Luftbild (s. o.) gezeigten Einfahrt sind einige weitere Punkte in ihrem historischen Zusammenhang zu erklären. Ein Beispiel: In der Kiesgrube bei Bittstädt wurde ein wenig „zu tief" gegraben. Nicht im Sinne von nicht eingehaltenen Vorschriften oder Verträgen, vielmehr hat man beim Graben eine Betonfläche freigelegt - und hatte kurze Zeit darauf schon Ärger mit dem Bergamt. Die Grube musste wieder abgedeckt werden. Sie liegt heute unter der markierten Fläche.

Hier ist erst einmal wichtig, dass es sich tatsächlich um eine im Untergrund gegossene Betonfläche handelt. Aus dieser Entdeckung kann man einiges schließen:

1. Der Tunnel wurde nach oben mit einer Betondecke gesichert.

2. Der dadurch entstandene Hohlraum wird wohl ein waagerechtes Deckenprofil oder ein rundes Tunnelprofil wie z. B. entsprechende Anlagen am Ostwall haben.

Es ist also durchaus plausibel, dass solche unterirdischen Anlagen im Dreieck von Holzhausen, Bittstädt und Arnstadt entstanden sein könnten. Nach der Zeitzeugenaussage sollen weitere Einfahrten und Zugänge existieren. Diese sind nicht in den hier verwendeten Zeichnungen enthalten, da deren Positionen noch nicht definitiv lokalisiert sind.

3. Aus der Nähe zur gefundenen Einsprengung ergibt sich auch die Bestätigung dieses Fundes.

Fotos oben: Ein Tunnel wie aus dem Lehrbuch. Beim Bau des Ostwalls, eine Verteidigungsanlage, wurden zwischen 1935 und 1938 35 Kilometer Stollen im Erdreich vorangetrieben. Der Ausbau erfolgte durch deutsche Firmen wie „Dywidag", „Philipp Holzmann", „Wayss und Freytag" und viele andere im Raum Meseritz. Deutlich zu sehen sind die in den Stollenboden einbetonierten Gleise für eine Schmalspurbahn (Spurbreite 60 Zentimeter), wie sie in weitläufigen Stollenanlagen üblich waren. Falls es notwendig war, konnten der Tunnelquerschnitt und die Spurweite dem Bedarf ohne größeren Bauaufwand angepasst, also vergrößert werden.

Stollen mit waagerechter Decke. Diese Konstruktion verlangt aber größere Abstützungen. Bei einer waagerechten freigelegten Fläche (wie in der Kiesgrube) kann es sich aber auch um eine Sicherung gegen herabstürzendes Material handeln.

Bei horizontalen flachen Decken sind Absteifungen im darunter liegenden Raum unerlässlich. Diese können aber störend in der Nutzung sein. (Foto Archiv Focken, Anlage Rotbutt).

3 Das „Objekt Burg“

Beim „Objekt Burg“ soll es sich um das Führerhauptquartier zwischen Holzhausen und Arnstadt (siehe Luftbild, Kapitel „Vom Amt 800 bis zum FHQ“) handeln.

Koordinaten: N 50°50‘33 – O 10°53‘51

Auch hier greifen wir auf von Hans-Joachim König zitierte Zeitzeugen zurück, die den Bahnhof beschreiben.

#20 Zeuge Karl Juppe

> **„[...] eine unterirdische große Zentrale, welche ab November bzw. Februar 1944 - 1945 in das FHQ umgebaut und eingerichtet wurde. [...] Es musste ja die gesamte Ausführung des FHQ durchgeführt werden, welche im März 1944 nur zu 40 % fertig war, als der Führer in der Anlage war. Bei den Forschungsobjekten, wie z. B. Objekt Burg. [...] Ich selbst habe an folgenden Objekten gearbeitet: Burg ab 1944 als FHQ.“**

#21 Zeuge Klaus Werner

> **„Unser Vorarbeiter teilte uns mit, dass der Führer im Objekt Burg sei und das Objekt Burg ein FHQ. Darüber waren wir sehr erstaunt, weil uns gesagt wurde von der SS, hier würde für die Wissenschaftler der Reichspost und der SS Forschung eine Hauptzentrale errichtet.“**

#22 Zeuge Dr. W. Hoffmann

> **„Ende März hörten wir, daß im Objekt Klipper – Geheimbezeichnung Burg – der Führer ist.“**

#23 Zeuge Dr. Werner Meindl

> **„[...] für das Führerhauptquartier, welches ja in der Nähe von Arnstadt in Richtung Bittstädt errichtet worden war. Selbst war ich nie in diesem, aber es muss wohl eine richtige unterirdische Stadt gewesen sein. Da ja in das Quartier bei Bittstädt und bei Mühlberg sogar LKWs hineinfahren konnten.“**

#24 Aussageprotokoll Karl Fiebinger[45]

> **Der Architekt Karl Fiebinger aus Wien hatte den Auftrag der SS ein Hauptquartier für Adolf Hitler zu planen und zu bauen. Der Standort war 10 km südlich von Gotha und zwei Kilometer von Crawinkel Richtung Arnstadt. Dies sagte er beim Verhör durch die Amerikaner aus. Der Geheimauftrag wurde ihm durch Kammler Weihnachten 1944 erteilt und sollte vor dem 15.4.1945 fertig gestellt sein. Im März 1945 waren die Tunnel beinahe komplett.**

45 Verhörprotokoll aus: ZDF-History-Dokumentation „Geheime Unterwelten der SS. Wunderwaffen und Verstecke“

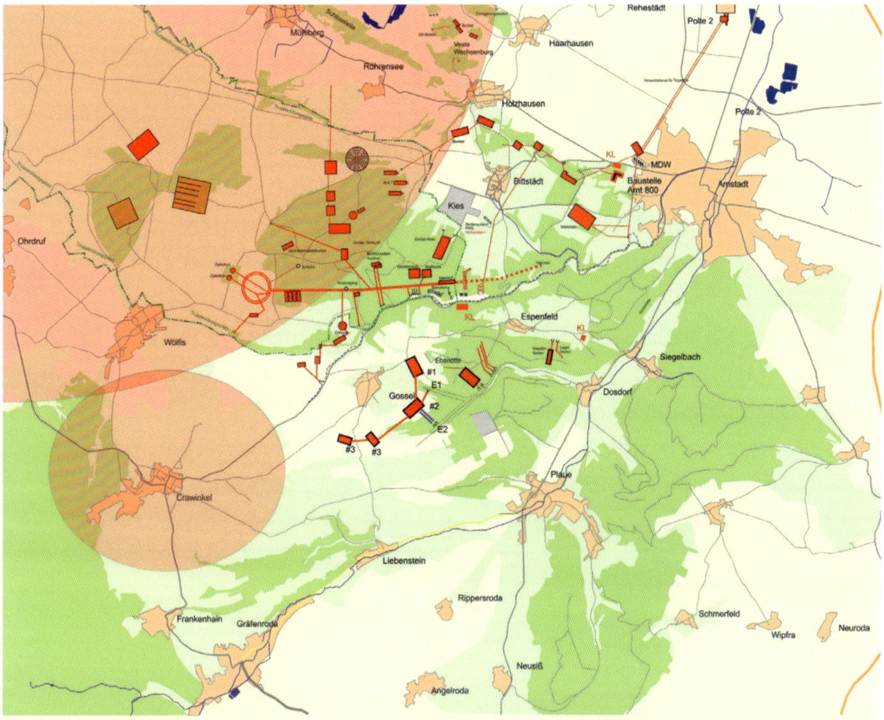

Die Kreise beschreiben die Entfernung aus Gotha (großer Kreis) und aus Crawinkel (kleiner Kreis). Selbst bei großzügiger Auslegung wäre eine Anlage, wie manche amerikanischen Berichte sie beschreiben, in der Nähe von Ohrdruf oder den Zeitzeugen folgend im Bereich Tambuch. Das wäre vier Kilometer von Crawinkel entfernt und würde passen.

Zusammenfassung:
Bei diesem Führerhauptquartier werden in den oben zitierten Zeugenaussagen zwei verschiedene Objekte als FHQ beschrieben. Zunächst das Objekt zwischen Arnstadt und Bittstädt mit der Geheimbezeichnung „Burg". Wertet man die Zeugenaussagen aus, so erkennt man, dass wohl ab Weihnachten 1944 das FHQ zwei Kilometer nordostwärts von Crawinkel gebaut werden sollte, das auf unserer Karte als „2. FHQ" eingezeichnet ist, dazu der Hinweis, dass es zu 40 Prozent fertig gestellt ist.

Beurteilung:
Die Beschreibung Fiebingers zu diesem Objekt ist in den Entfernungen entweder nicht genau oder schlichtweg falsch. Möglicherweise hat er sogar absichtlich falsche Angaben gemacht. Kreist man den Radius großzügig in einer Karte ein, gibt es nur eine kleine Überschneidung im Bereich Ohrdruf.

Nach Karl Fiebingers Aussage wurde er Ende 1944 damit beauftragt, bis April 1945 ein unterirdisches FHQ zu errichten. Somit wurde ein schon vorher begonnenes FHQ („Burg") aufgegeben. Der Zeuge Karl Juppe sowie der Zeuge Klaus Werner bestätigen, dass das FHQ zwischen Ende 1944 und Anfang 1945 in ein ursprünglich als Forschungseinrichtung geplantes Objekt verlegt wurde. Der Grund: Eine schon vorhandene Untergrundanlage konnte weiterverwendet werden, Fiebinger musste damit nur zusätzliche Tunnel planen und bauen. Das erklärt auch die kurze Zeit von lediglich vier Monaten für die Umsetzung des Auftrags.

Das Mitteldeutsche Werk „MDW"

Wie schon oben angeführt, war der Wassereinbruch im „Amt 800" eine große Katastrophe für die Reichspost. Doch wie so oft: Des einen Schaden ist des anderen Nutzen.

So berichtet ein gewisser „Herr Klein" aus Arnstadt unter dem Betreff „Abholung von Ausrüstungen durch die Amerikaner aus dem Marinelager Arnstädter Malzfabrik":[46]

> **„Die Einlagerung stammte aus dem Mitteldeutschen Werk Arnstadt. Diese umfasste die gesamte Entwicklung von moderner Kampftechnik, Torpedotechnik und Strahlenschusswaffen für U-Boote, welche im o. g. Werk erprobt und hergestellt wurden. Nach Sichtung wurde alles Material sofort von den Amerikanern verladen und abtransportiert, da das vorgefundene Material für die Amerikaner sehr wertvoll war. Eine Sicherstellung wurde sofort angeordnet und auch durchgeführt. Das Büro des Marinelagers wurde belassen, jedoch alle technischen Unterlagen geräumt.**
> **Die beiden vorhandenen Röntgengeräte wurden zwei Tage später von einem Spezialtrupp der Amerikaner weggefahren."**
> **Arnstadt 14. April 1945 gez. Klein**

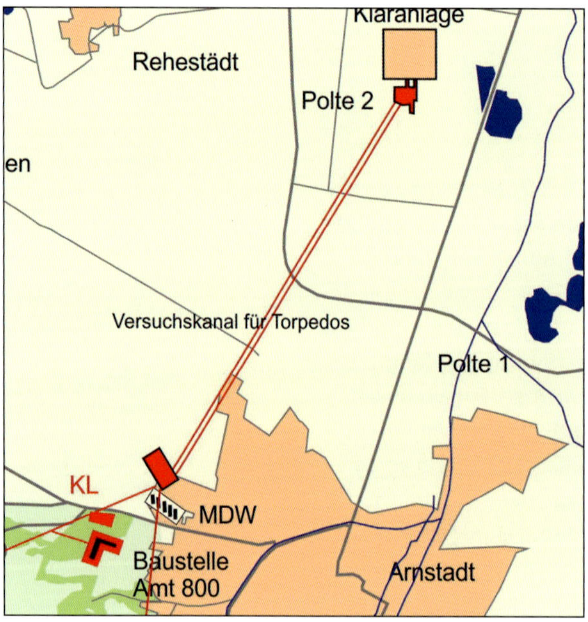

Ansicht der nördlich von Arnstadt gelegenen Marineanlage „Polte 2". Zwischen beiden Objekten verlaufen zwei eingezeichnete Tunnel. Mindestens einer wird als „Versuchskanal für Torpedos" bezeichnet.

Zusammengefasst:

- Der Begriff „Strahlenschusswaffen" taucht hier zum ersten Mal auf.
- Der Zeitzeuge erwähnt auch die Entwicklung von Torpedotechnik in der Anlage der MDW.

Hier zeigt uns unsere besondere Karte auch neue Verbindungen. In den „Russenkarten" wird als Verbindung zwischen den „Mitteldeutschen Werken" und dem Objekt „Polte 1" tatsächlich eine künstlich angelegte Teststrecke für Torpedos angegeben.
Die GPS-Positionen:

MDW:	N 50°5023 - O 10°5545
Polte 2:	N 50°5129 - O 10°5750
Malzfabrik:	N 50°5042 - O 10°5700

David Hans Hoffmann, ein weiterer Zeitzeuge, gibt dazu an:

> **„Für die Anlagen, nicht für das Jonastal, waren Postbaurat Kasber, Ober.- Ing. Mühlheim, Dr. Seuffert und Streve sowie Dr. Diebner und ab 1944 SS-Kammler verantwortlich.**
> **Bis 1939 wollte man am Sonnenhang bei Arnstadt die große Zentrale errichten, Wassereinbruch brachte es zum Erliegen.**
> **Ab März 1944 wurde das Wasser im Becken als Kühlwasser für die Strahlenforschungsfabrik rechts der Straße von Arnstadt nach Holzhausen gebraucht."**

46 Dieser Bericht stammt ursprünglich aus dem Thüringer Hauptstaatsarchiv in Weimar unter der Inventarnummer Klein, Akte 156-11-02.

Zusammengefasst:

- Bei der „großen Zentrale" handelt es sich um das „Amt 800".
- Der Wassereinbruch wird hier angegeben und mit den Mitteldeutschen Werken in Verbindung gebracht.
- Der Zeitzeuge weist hier unabhängig von anderen Quellen auf „Strahlenforschung" hin.
- „[R]echts der Straße von Arnstadt nach Holzhausen" beschreibt eindeutig die MDW.

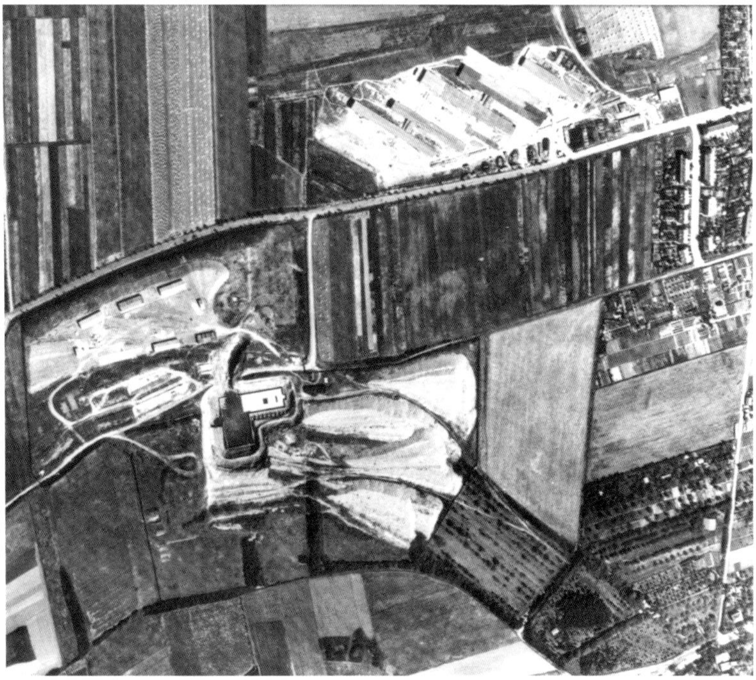

Luftbild der MDW und des „Amt 800". In der Mitte die Straße von Arnstadt (rechts im Bild) nach Holzhausen.

Fazit:
Die MDW und die „Polte-Werke" (in Arnstadt „Polte 1" und „Polte 2") gehören zusammen. Der Name geht auf den Gründer der „Armaturenfabrik Polte" Eugen Polte[47] (1885 Übernahme der Fabrik) zurück.

Durch Verträge mit dem OKL (Oberkommando der Luftwaffe), dem OKH (Oberkommando des Heeres) und dem Oberkommando der Marine (OKM) kam es bereits 1934 zu der Gründung neuer Rüstungsfabriken. Ab 1943 übernahm die Firma Aufträge vom „SS Wirtschafts- und Verwaltungshauptamt".

Außer folgenden Informationen finden sich bisher leider keine weiteren Informationen zu Arbeiten und Aufträgen im Bereich Arnstadt:
1938: oHG Polte, Werk Arnstadt in Rudisleben bei Arnstadt; Eigentümer bzw. Treuhänder war das Oberkommando der Marine.

Eugen Polte

47 Eugen Polte (1849 bis 1911) war ein deutscher Rüstungsproduzent, Erfinder und „Königlicher Kommerzienrat". Die von ihm aufgebauten „Polte-Werke" waren in Magdeburg ein bedeutender Arbeitgeber. In der ersten Hälfte des 20. Jahrhunderts gehörte er zu den größten Munitionsproduzenten der Welt. Einerseits für die ingenieurtechnische Qualität seiner Erzeugnisse, zunächst Großarmaturen, geschätzt und ein Vorreiter bei der Errichtung sanitärer und sozialer Einrichtungen für seine Beschäftigten mussten ab Juni 1943 bis Kriegsende zahllose Zwangsarbeiter und KZ-Häftlingen in seinen Werken schuften. Die nicht von den Sowjets als Reparationen demontierten und abtransportierten Teile der Polte-Werke gingen später im „VEB Schwerarmaturenwerk Erich Weinert" bzw. den daraus entstehenden „VEB Magdeburger Armaturenwerke Karl Marx" auf.

Die Raketenbasis

Rechts:
Eventuell zeigt das Radarbild eine „Raketenbasis". Eine Ausgeburt unserer Phantasie? Eine Wunschvorstellung gar? Oder doch etwas Seriöses? Eine Ausgrabung würde die Wahrheit ans Licht bringen und uns entweder bestätigen oder widerlegen. Bis dahin können wir nur folgende Interpretation anbieten:
Man blickt in eine Halle mit zwei vorbereiteten Raketenkörpern (Bild Mitte) und einer Rakete rechts in einem Schacht. Der linke, kleinere Körper wirkt, als würde er mit dem Objekt davor noch verbaut werden müssen.

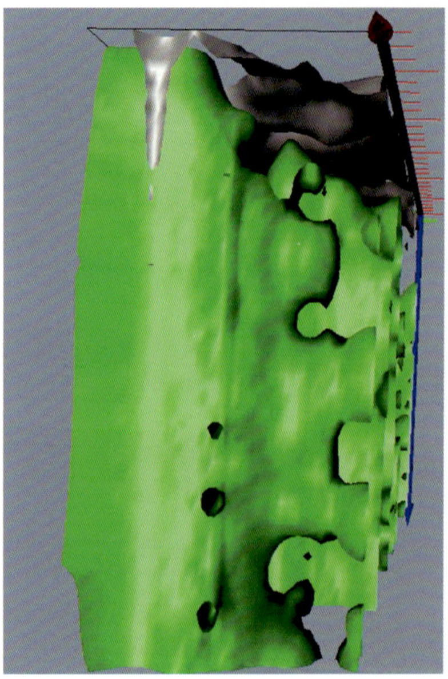

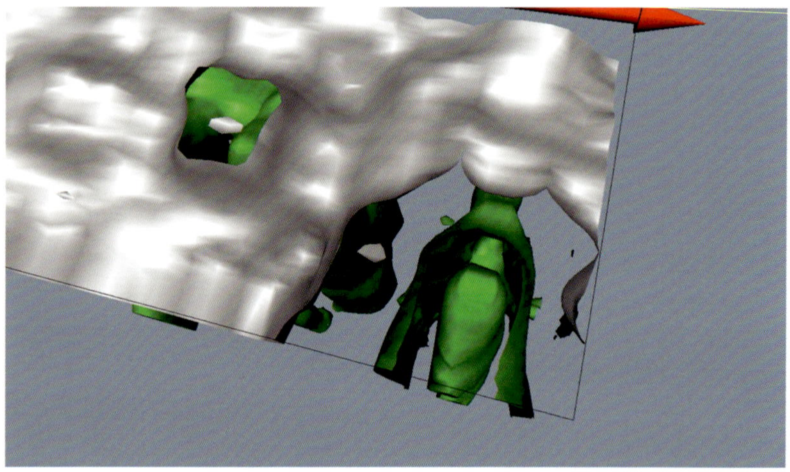

Von oben sind der Schacht und der darin befindliche Flugkörper zu erkennen. Das Unglaubliche für uns: Der Abstand zur Oberfläche ist so gering, dass wir vermuten, tatsächlich eine Art Raketensilo vor uns zu haben.

Seitenansicht rechts des Schachtes - für uns ein Abschusssilo - mit Blick dahinter. Wie bei einer amerikanischen „Saturn 5" auf der Startrampe führen Verbindungen in verschiedenen Höhen zum Raketenkörper. In der Auswertung ist das leider nicht besser darstellbar.

Rechts:
Mit der uns zur Verfügung stehenden Software können wir Teile ein- und ausblenden und somit unwichtige Dinge von wesentlichen trennen. Wir konzentrieren uns auf den Flugkörper im Silo. Man erkennt zudem recht gut auch die Öffnung über der Rakete im Deckgestein.

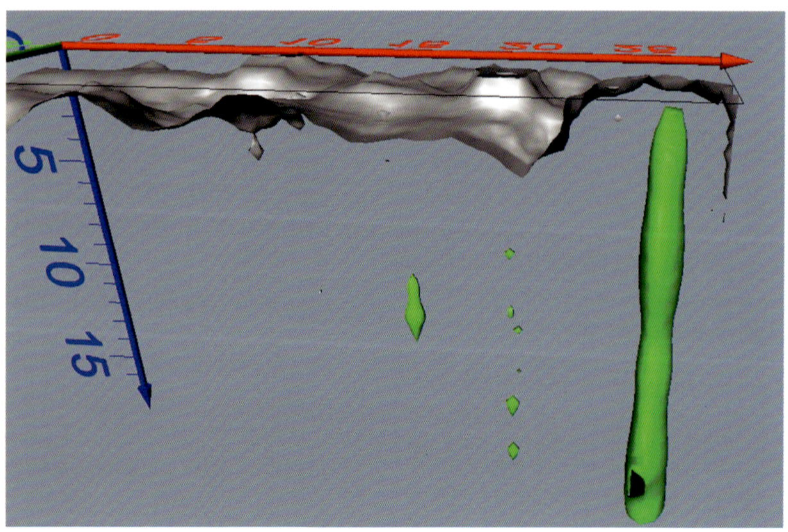

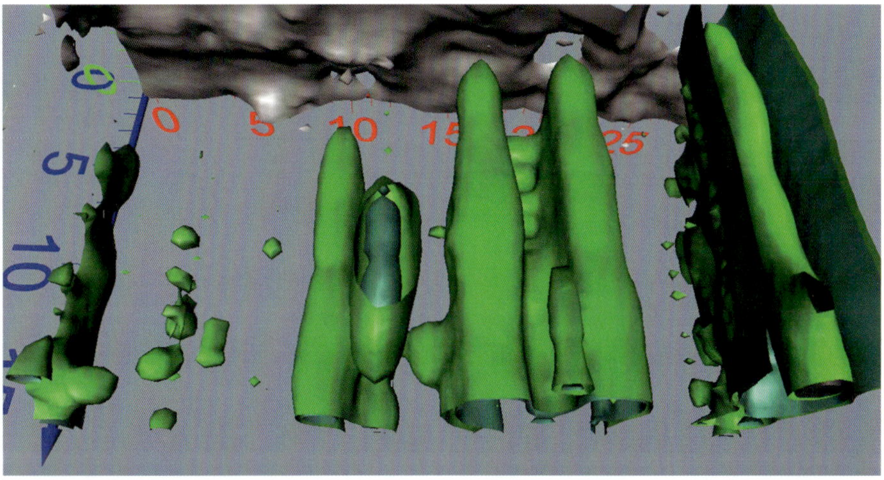

Blick von unten auf die Halle: kleinere, vermutlich nicht fertig montierte Rakete und ein (Treibstoff-?)Tank.

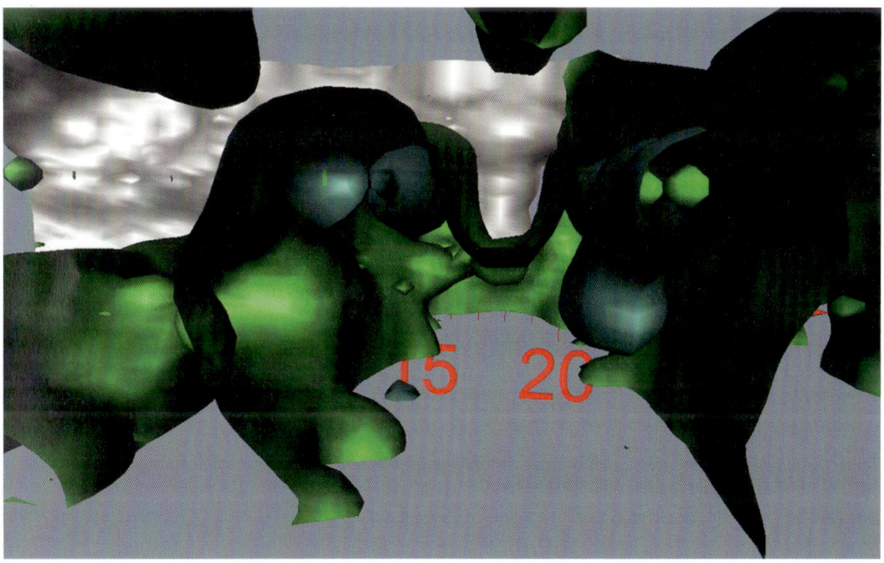

Ansicht von unten: In der Nahaufnahme sind die beiden Raketen in der Vorbereitung mit einem Tank (links) und dem Triebwerk (rechts) zu sehen.

Da wir an diesem Ort weder bohren noch Grabungsarbeiten durchführen dürfen, steht die endgültige Bestätigung der georteten Objekte vorerst noch aus. Dennoch waren wir verblüfft, im Umkreis von rund 350 Metern der eingezeichneten Halle tatsächlich unseren Fund gemacht zu haben.

Der Wirt eines in der Nähe liegenden Restaurants hörte unsere Pausengespräche über eine in der Nähe von Holzhausen befindliche ehemalige „Raketenbasis" zunehmend interessiert mit. Schließlich suchte er das Gespräch mit uns. Dabei erzählte er, dass Alteingesessene im Ort immer wieder von einer Raketenbasis am Rande des Truppenübungsplatzes bei Holzhausen sprechen. Ein Versuch, mit den Einwohnern in Kontakt zu treten, blieb indes leider ohne Erfolg. Der Wirt konnte uns hier auch nicht weiterhelfen.

Das erste versteckte Flugzeug

Martin Stade – in Gedenken und mit sehr viel Respekt!

Martin Stade zeigt uns gerade Flächen, die wir näher untersuchen sollten.

Ganz in der Nähe gelang uns noch ein weiterer Erfolg, dessen Grundlage aber nicht auf Informationen aus der Karte, sondern auf der Erzählung von Martin Stade (1931 bis 2018) beruht.

Er empfahl uns, an einem bestimmten Ort im Gelände, auf den er uns bei einer Exkursion aufmerksam machte, unser Georadar einzusetzen. Das Ergebnis ließ unsere Augen immer größer werden!

Trotz seines hohen Alters war er vor allem geistig noch außergewöhnlich fit. Dennoch wies sein Erinnerungsvermögen einige Lücken auf. Verständlich, denn schon nach wenigen Jahren ändert sich das Aussehen einer Landschaft oft sehr stark. Neue Sträucher wachsen, Bäume werden größer. Auch eine Stadt ist bald nicht mehr wiederzuerkennen. Die Kombination seiner Aussagen mit Google Earth ließ uns aber vor Ort Richtung und Lage verifizieren.

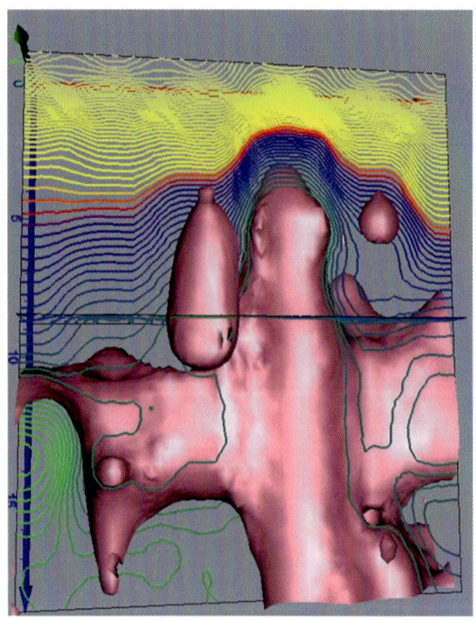

Bei der Suche mit Hilfe unseres Bodenradars stießen wir zu unserer völligen Überraschung auf etwas, das wir als ein Flugzeug definierten.

Für uns ist sicher: Wir waren auf ein Flugzeug gestoßen! Dennoch war die Auswertung ohne die Hilfe des Deutschen Museums in München nicht möglich.

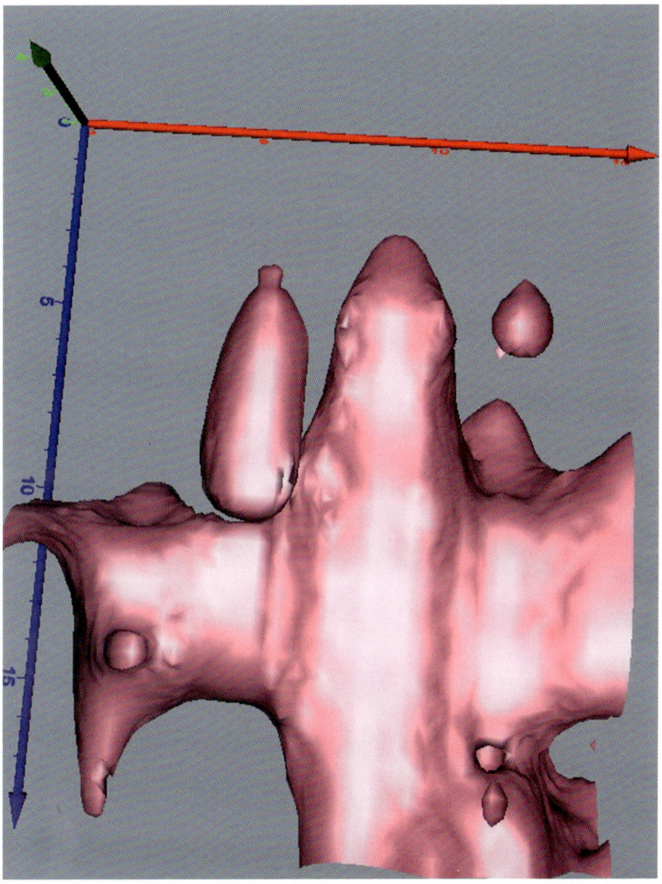

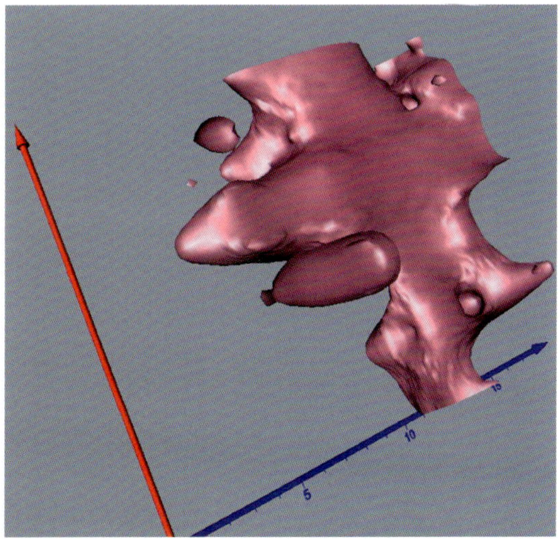

In der Frontansicht sind noch einmal das Triebwerk und das Cockpit zu sehen.

Darstellung ohne Feldlinien. Rechts und links befinden sich zwei (Düsen-?)Triebwerke, und auch unter den Tragflächen ist links eine Triebwerksgondel zu sehen. Im Cockpitbereich sind zwei Fenster erkennbar.

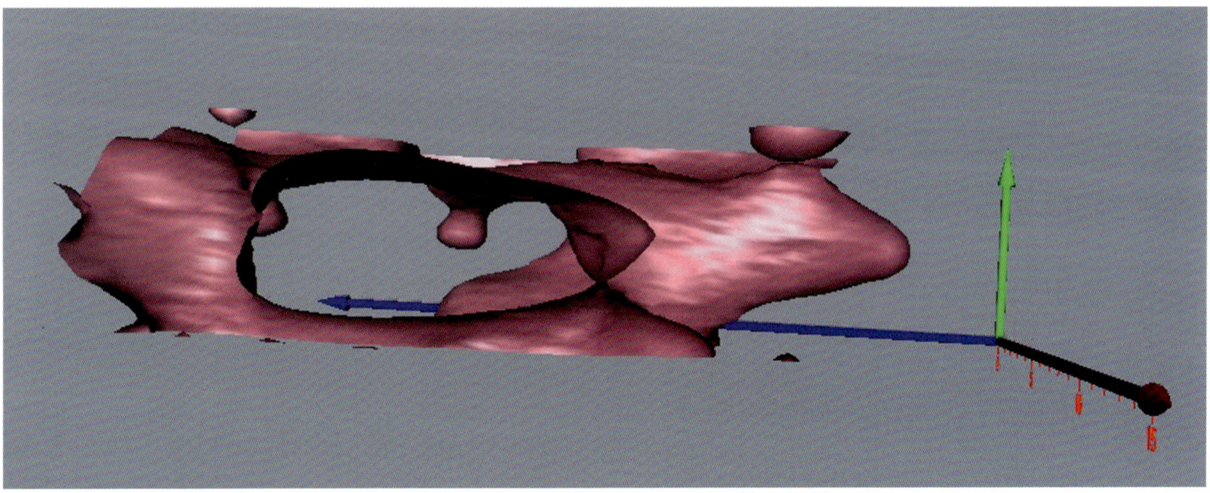

Die Seitenansicht bietet einen Blick durch die Tragfläche.

Unser Dank gilt der Luftfahrt-Abteilung des Museums, hier besonders dem Archiv, in dem die Unterlagen der Firma „Heinkel" aufbewahrt werden. Martin Stade sagte uns noch am Ort der Radarmessung, dass es sich um ein Versuchsflugzeug der „Heinkel-Werke" handeln müsse. Am Ende des Tages war es nicht nur ein Flugzeug, sondern deren sechs, die wir gefunden hatten.

Das vergrabene zweite Flugzeug

Ein weiterer spektakulärer Fund gelang uns bei dieser Suche. Wir entdeckten im Bereich des Jonastals, in der Nähe des Bahnhofs, etwas ganz Besonderes.

Da es für das gefundene Objekt keinen validen Beweis oder gar ein Foto gibt, haben wir versucht, mit dem Thüringischen Landesamt für Denkmalpflege und Archäologie Verbindung aufzunehmen.

Wir fanden ein Objekt im Boden, das zunächst zwar einer Rakete ähnelt, aber bei näherer Untersuchung ein zerlegtes Flugzeug sein muss. Das Objekt hat an jeder Seite zwei doppelte Befestigungen (siehe Vergrößerung im nächsten Bild).

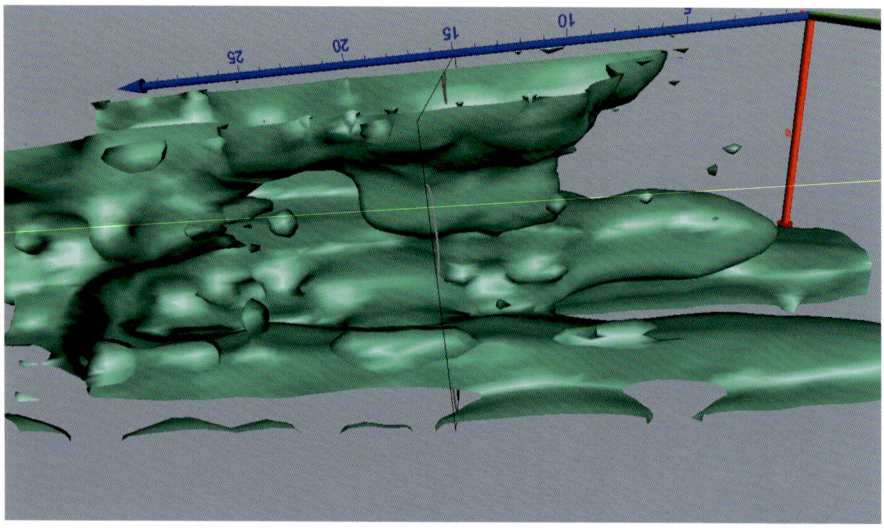

Wir vermuten, dass es sich um Halterungen zum Abnehmen der Tragflächen handelt. In der Auswertung sind an beiden Seiten solche Befestigungen zu sehen.

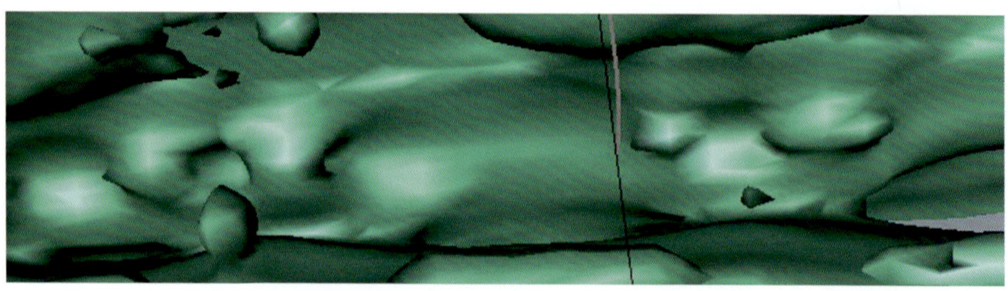

Von der anderen Seite her wirkt die Auswertung, als würde sich in dem Triebwerk eine Mittelachse für die Verdichterschaufeln befinden, wie bei einem Düsentriebwerk.

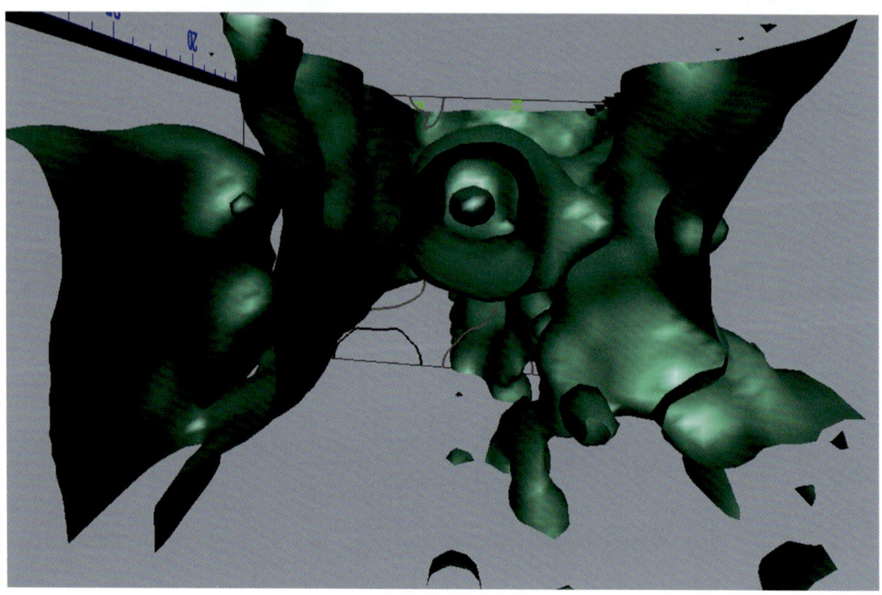

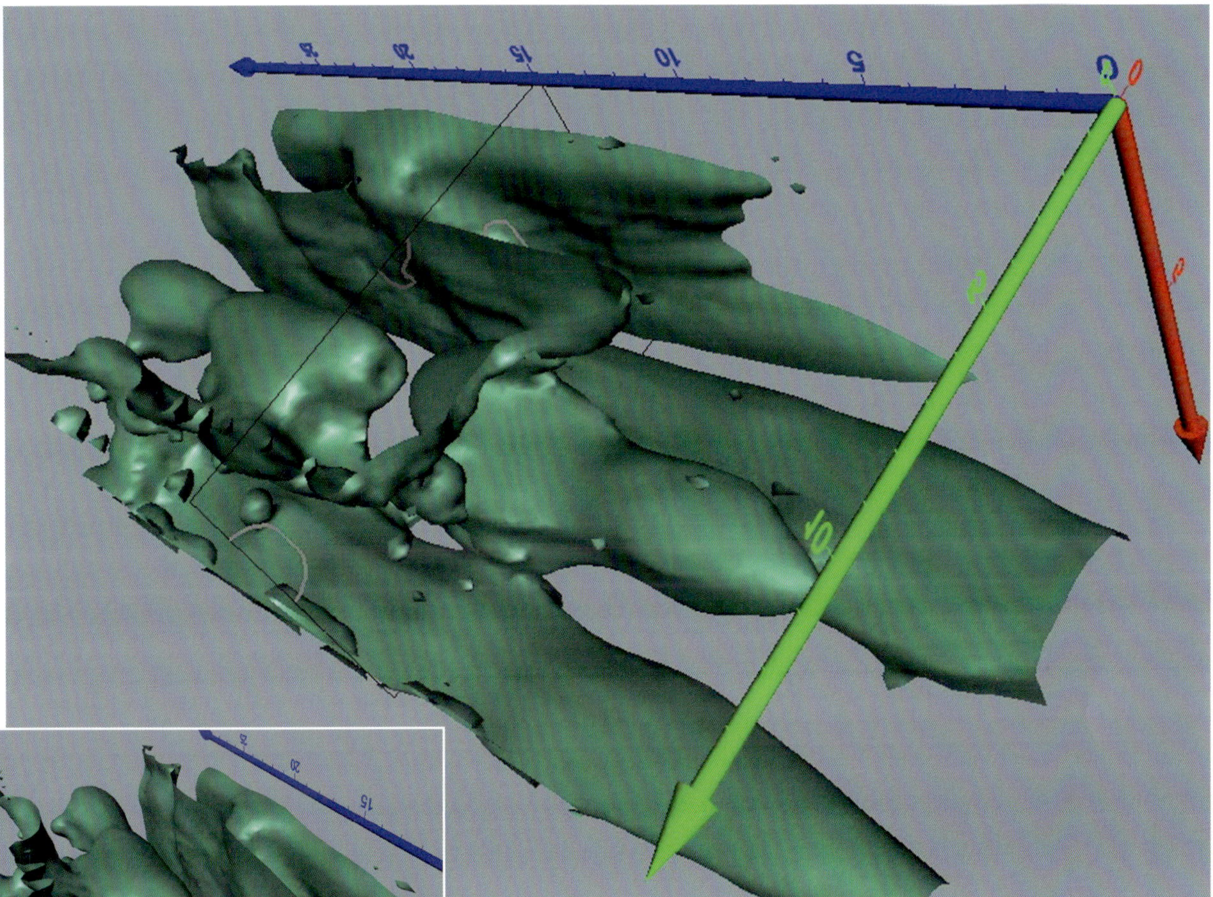

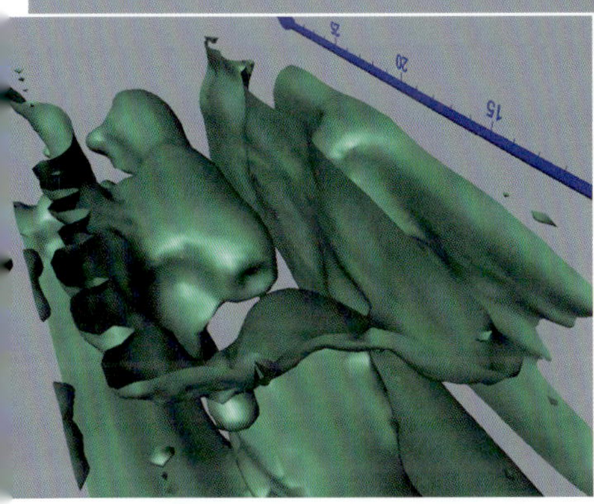

Interessanter ist aber das auf dem Rücken sichtbare Triebwerk. Langsam wird aus dem Objekt ein Fluggerät, das alles hat, was man zum Fliegen braucht.

Links:
Hier die Nahaufnahme des vermuteten Triebwerks.

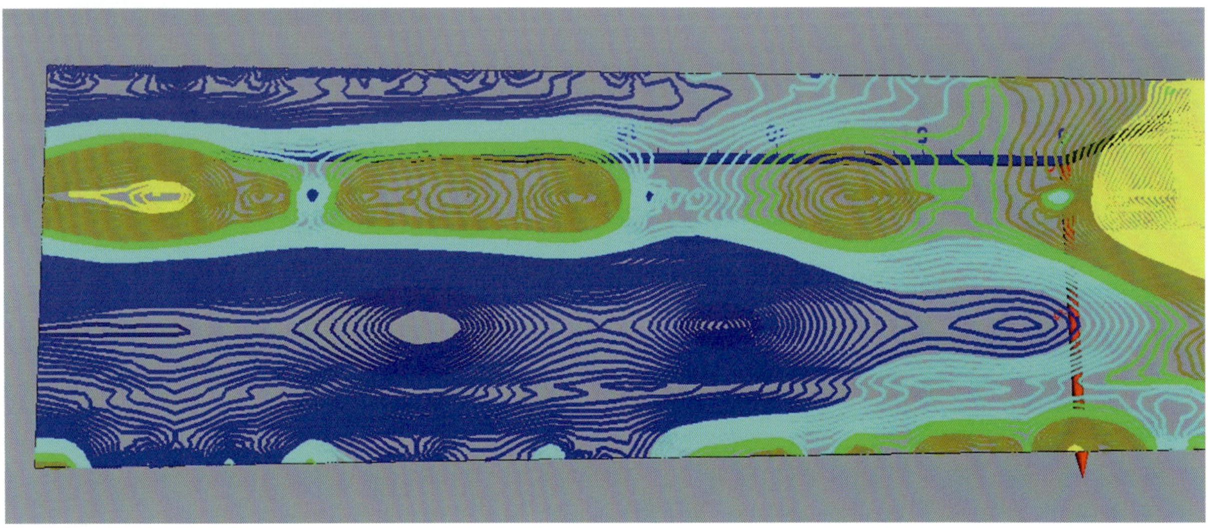

In der Feldliniendarstellung sind das Triebwerk oben und das Flugobjekt unten mit vermutlich zwei Tanks gut erkennbar.

Nutzt man Feldlinien und Darstellung, kann man oberhalb des Flugkörpers und gleichzeitig rechts und links des Triebwerks durchaus eine Aufhängung vermuten.

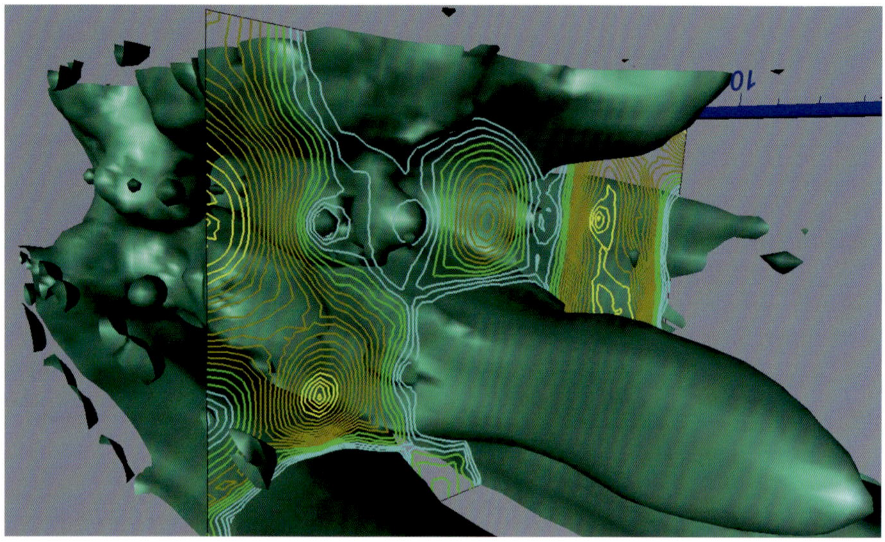

Allerdings zeigte das TLDA kein weiteres Interesse an unserem Projekt. Obwohl ich im Verlauf des Telefonates auf meine einschlägige Ausbildung im Bereich der Denkmalpflege hinwies und es mir fernläge, „Nazi-Themen" bearbeiten zu wollen, sondern dass es mir ausschließlich um die historische Wahrheit ginge, erhielt ich bislang keine Antwort.

Nun werden hoffentlich die hier veröffentlichen Bilder Aufmerksamkeit erregen. Immerhin handelt es sich um Objekte, die vor dem Kriegsende irgendwie in den Boden gerieten und nach gültigem „Archäologen-Sprech" nun auch zu den „untersuchungswürdigen Objekten" zählen. Dies bedeutet: Nach der aktuellen Gesetzeslage muss der Sache nachgegangen werden. Fraglich ist nur, ob nach einer Ausgrabung die Objekte ins Museum wandern oder ob sie verheimlicht, vertuscht oder gar vernichtet werden.

Die „Russenkarten"

Wir sind uns bewusst, dass es quellenkritisch gesehen sehr problematisch ist, blind einer Karte zu folgen, deren Herkunft und Inhalt vollkommen unklar sind. Wir sind uns auch darüber einig, dass die in den Karten eingezeichneten Objekte als sehr phantasievoll bezeichnet werden können. Doch haben wir uns nicht nur die Mühe gemacht, diese Karte wegen der einschlägigen Rechtsvorschriften neu zu zeichnen. Wir haben diese Karte in vier Teilkarten aufgeteilt. Für eine praxisnahe Nutzung der Karte wurden wichtige Straßen und Landmarken übernommen. Es wurde zudem versucht, möglichst alle deutlich eingezeichneten Objekte aufzunehmen. Wir bitten aber um Verständnis, dass wir Markierungen und Bezeichnungen ohne Zusammenhang nicht übernommen haben. Da im Original die Karte aus vielen Geokarten besteht, deren Qualität oft zu wünschen übrig lässt (trotzdem lassen sie sich zum Beispiel nicht überlappend zusammenfügen), mussten wir uns auf eindeutig identifizierbare Skizzen konzentrieren. Manche Objekte offenbarten sich auch nur in Hinweisen mit Pfeilen oder mit dem auf der Karte sichtbaren Fischsymbol. Damit konnten wir nichts anfangen. Es standen uns sieben Karten digital zur Verfügung, die sich aber auf einer großen Karte zusammenfassen lassen.

Die erste Karte bezieht sich auf den zentralen Bereich des Truppenübungsplatzes zwischen Ohrdruf und Arnstadt. Sie ist die Hauptkarte. Alle weiteren Karten sind Detailkarten gleichen Typs. Es stellte sich heraus, dass alle Karten auf eine „Grundkarte" zurückgehen. Legt man alle Karten übereinander, passen alle Überschneidungen. Somit haben wir uns entschlossen, buchstäblich alles auf eine Karte zu setzen!

Wir haben uns um Sinnhaftigkeit, Anschaulichkeit und leichte Erfassbarkeit der Karteneinträge bemüht. „Sinnvoll" heißt: übersichtlich, real möglich und gegebenenfalls durch Zeitzeugen oder Georadar verifizierbar. Allerdings sind die Karten nicht vollständig. Einige Objekte, die wir entdeckt haben oder auf die uns andere Quellen hinweisen, wurden nicht in die Karten aufgenommen. Es ist also schwierig, Fiktion, Hoffnung und Realität auseinander zu halten.

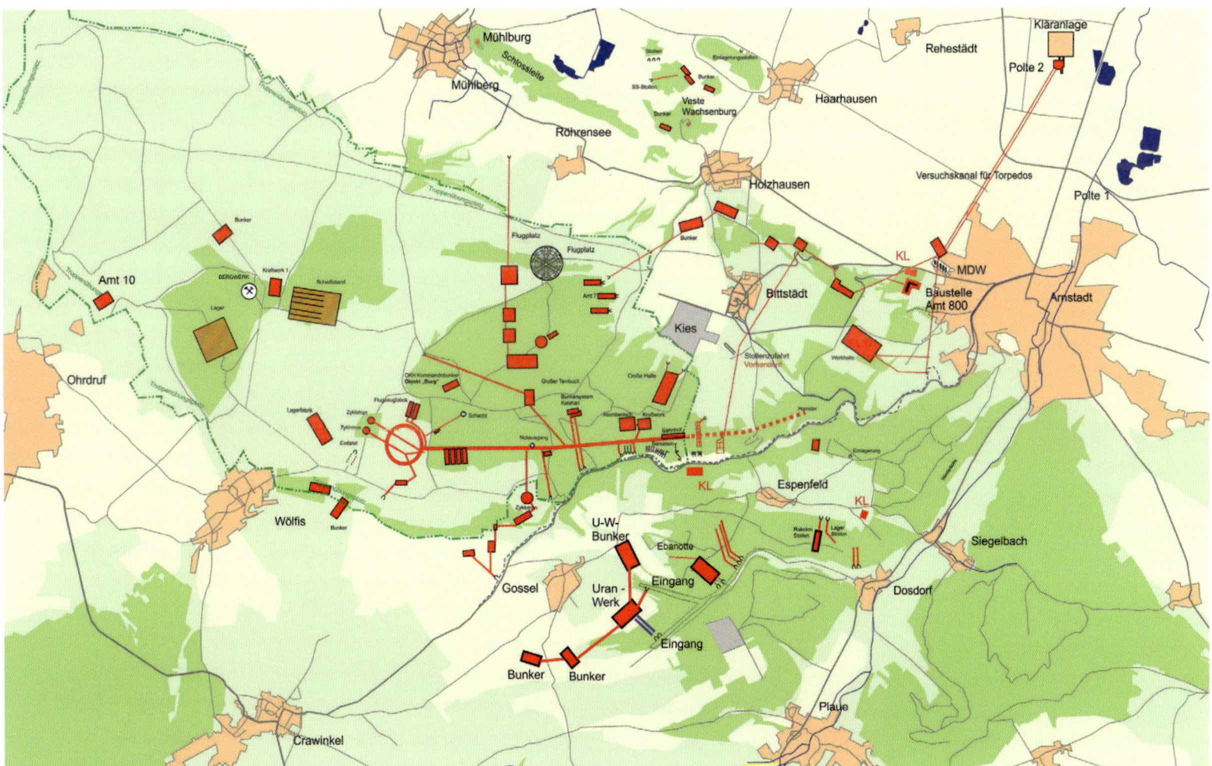

„Russenkarte" mit allen Objekten, die im Original erkennbar und auch nachvollziehbar sind. In den späteren Themen werden wir einzelne Objekte anhand dieser Karte genauer beschreiben.

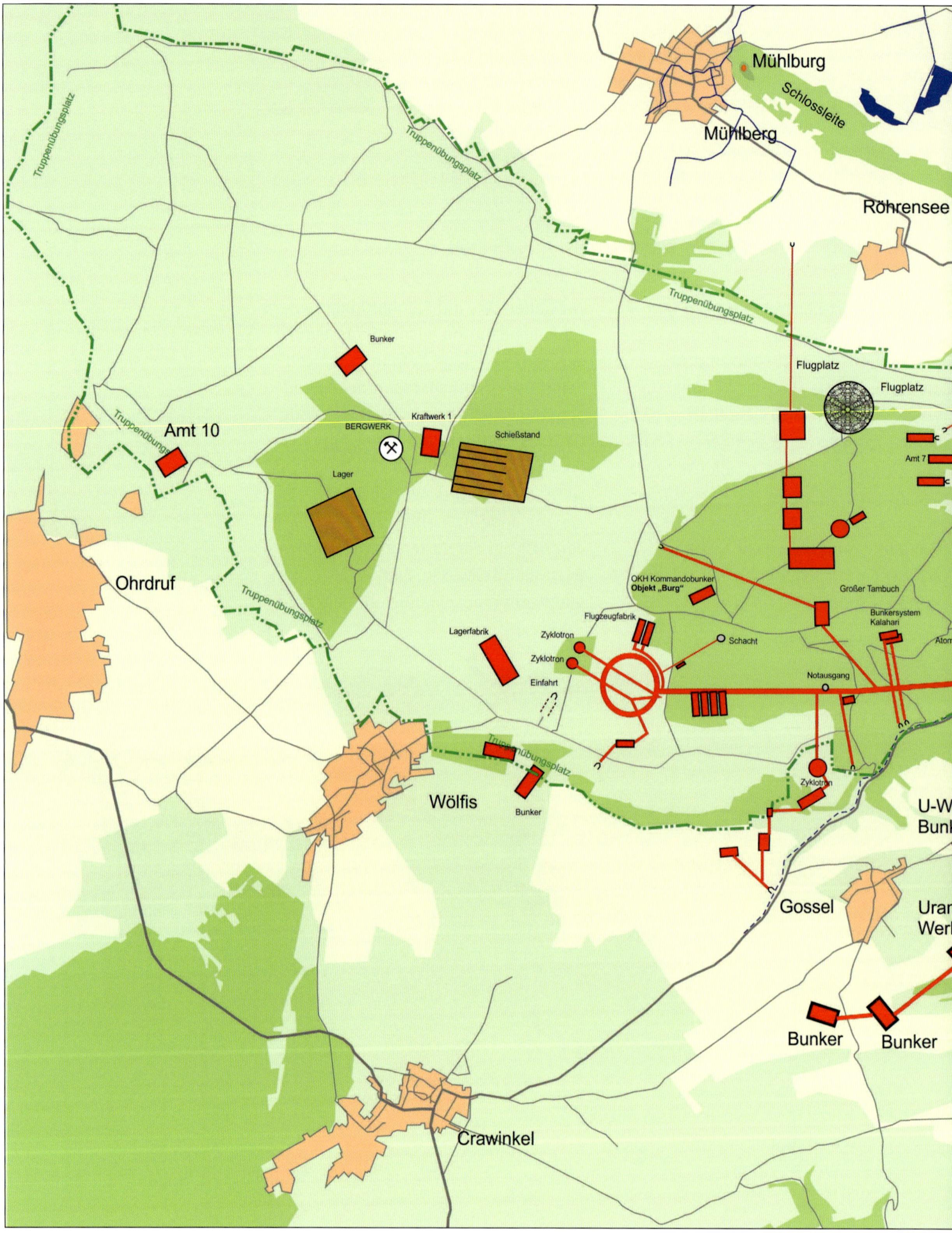
Mühlburg
Schlossleite
Mühlberg
Röhrensee
Truppenübungsplatz
Truppenübungsplatz
Truppenübungsplatz
Truppenübungsplatz
Truppenübungsplatz
Flugplatz
Flugplatz
Amt 7
Bunker
Kraftwerk 1
BERGWERK
Schießstand
Amt 10
Lager
Ohrdruf
OKH Kommandobunker
Objekt „Burg"
Großer Tambuch
Flugzeugfabrik
Bunkersystem
Kalahari
Lagerfabrik
Zyklotron
Zyklotron
Schacht
Einfahrt
Notausgang
Zyklotron
Wölfis
Bunker
Gossel
Bunker
Bunker
Crawinkel

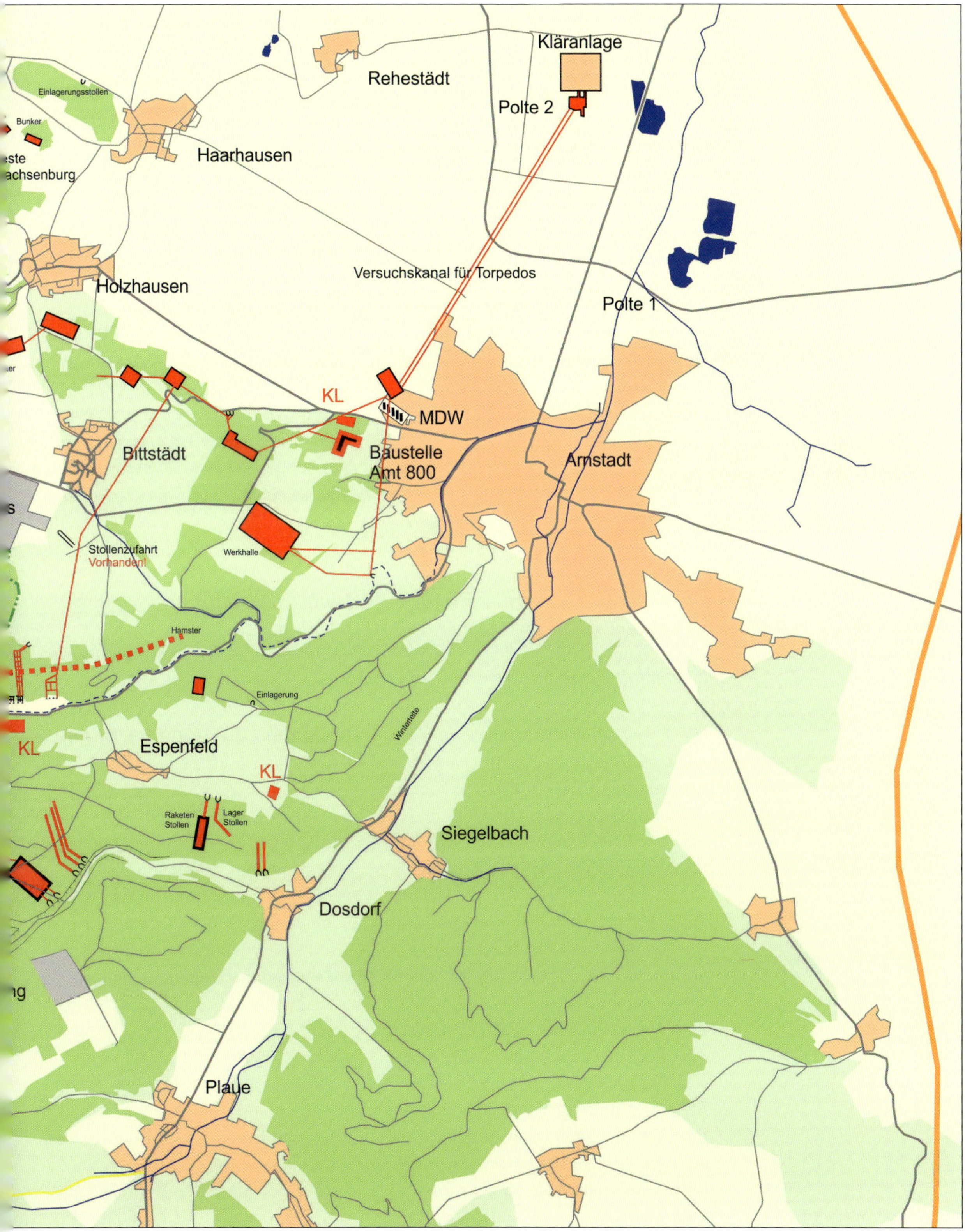
Kläranlage
Rehestädt
Polte 2
Einlagerungsstollen
Bunker
Haarhausen
Versuchskanal für Torpedos
Holzhausen
Polte 1
KL
MDW
Bittstädt
Baustelle
Amt 800
Arnstadt
Stollenzufahrt
Vorhanden!
Werkhalle
Hamster
Einlagerung
Espenfeld
KL
KL
Raketen
Stollen
Lager
Stollen
Siegelbach
Dosdorf
Plaue

Nutzungsempfehlungen GPS und Karten

In allen Karten und in den Texten verwenden wir geografische Navigationsbeschreibungen wie sie bei Google Earth verwendet werden. Die angegebenen Koordinaten entsprechen dem WGS 87 System und wurden mit Google abgeglichen. Man kann deshalb sowohl hier als auch auf Google Earth dem Gelände folgen.

Zunächst haben wir diese Karte als historisch ernsthafte Quelle eingestuft und versucht, ihren Inhalt zu belegen. Und tatsächlich: Einige Punkte auf der Karte scheinen zu stimmen. Allerdings mag der Kartograf in puncto Genauigkeit nicht allzu engagiert gewesen sein! Oder, und diese Vorstellung haben wir uns zu Eigen gemacht, die Position einer Halle oder eines Bunkers wurden unterirdisch erfasst und vermessen. Es ist also sehr schwer, einen unterirdischen Raum an die richtige Stelle auf einer Karte zu setzen.

Wir wagen den Versuch, die Begehung nachzustellen: Man bewegt sich mit Lampen durch Stollen, muss auf Trümmer und Gefahren achten. Oder man hat eine ausgebaute Strecke, was uns bisher unbekannt ist. Aber in beiden Fällen würde man vom Ausgangspunkt eine Peilung vornehmen und die Länge messen. Praktisch hatten die Russen (davon ausgehend, dass die Urheberschaft stimmt) für die Messungen bis zum Abzug im Jahre 1994 Zeit gehabt. Allerdings gehen wir davon aus, dass man nur am Anfang, solange die Neugier nach deutscher Hochtechnologie und Wunderwaffen noch aktuell war, so vorgegangen ist. Doch nach dem sich die sowjetischen Besatzungstruppen, die später GSSD (Gruppe der Sowjetischen Streitkräfte in Deutschland) hießen, sich auf dem Truppenübungsplatz eingerichtet hatten und der Friedens-Militärdienst zur Alltagsroutine wurde, verlor man vor dem Hintergrund des Kalten Krieges das Interesse an der Vergangenheit und bevorzugte mehr die eigenen Entwicklungen, deren Wert man höher einschätzte als ein deutsches Versuchsflugzeug, das die Erbauer noch kurz vor Kriegsende in der Erde versteckt hatten.

Bei den Karten sind also der Winkel und die Länge vom Ausgangspunkt wichtig. Ist im Stollen noch ein Knick oder zwei, muss man die Länge und den Winkel eben öfter berechnen. Das setzt vermessungstechnische Expertise voraus. Eine solche möchten wir den Personen, die damals durch die Stollen gingen, aber nicht zugestehen. Wir denken, dass die Zeichnungen, wenn überhaupt, nur Orientierungswert haben, denn ein Grad Abweichung in der Messung bringt auf 1.000 Meter schon eine Abweichung von 17,45 Meter.

1000 m x 2 = 2000 x 3,14 (Pi) = 6283,18 m: 360 Grad = 17,45 Meter

Ist dann noch die Entfernung nicht korrekt gemessen, potenziert sich der Fehler. Wichtig werden in der Karte die Lage und der Zugang gewesen sein. Denn zur Begehung reicht es aus zu wissen, wo der Eingang ist und wo man abbiegen muss.

Warum weisen wir so genau darauf hin? Eine der in der Karte eingezeichneten Hallen konnten wir mit dem Georadar orten und den Inhalt sichtbar machen. Entdeckungen bleiben uns bei der Suchkampagne 2019/20 nicht verborgen. Und dabei wurde uns klar, dass es der Roten Armee entweder nicht wichtig war, alles abzutransportieren oder dass die Karten nicht vollständig sind.

Im Falle eines in dem großen Stollensystem zwischen Arnstadt und Ohrdruf eingesprengten Tunnels (vielleicht eine deutsche Sperrsprengung von Pionieren oder lediglich ein Einsturz) würden auch die GSSD-Leute keinen Zugang finden und damit keinen Karteneintrag einzeichnen. Das Bild entstand in der Anlage „Malachit" und versperrt bis heute den Zugang zum dahinterliegenden Tunnel.

Wir schreiben hier von einer Halle, die wir gefunden haben und von der dazu gehörenden Georadarauswertung. Bislang haben wir das nicht erwähnt. Dies hat einen wichtigen archäologischen Grund: Was würde an dem Ort, auf den wir so deutlich hinweisen, im Anschluss passieren? An einem Ort, an dem unter der Erde ein Flugzeug oder eine Rakete vermutet werden. Die Anwohner hätten keine Ruhe mehr, illegale Raubgrabungen nähmen über Hand. Es wäre nicht mehr möglich, die Funde historisch zu sichern.

Einen mit Sicherheit zu erwartenden Missbrauch von derart hochwertigen Funden möchten wir unbedingt vermeiden. Die Folgen für spätere Forschungen wären katastrophal. Bei Entdeckungen, die keine absehbaren Folgeschäden nach sich ziehen würden, haben wir dagegen eine Veröffentlichung ins Auge gefasst.

Der wohl spektakulärste Bereich auf den Karten befindet sich nördlich von Gossel auf dem Truppenübungsplatz.

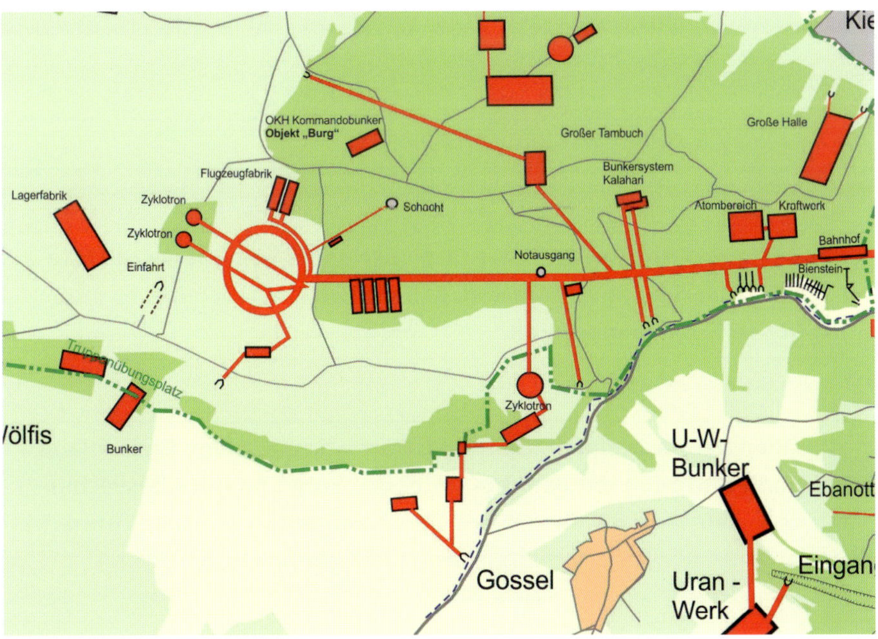

Auf den Karten ist eine Ringanlage (bereits beschrieben) eingezeichnet. Von dort führt eine Verbindung nach Osten bis weit hinter den Bienstein.
Zeitzeugen und gelegentlich auch Kollegen interpretieren diese Verbindung mal als eine Straße, mal als eine Bahnlinie mit Bahnhof.

Der „Bahnhof"

Beim Objekt „Bahnhof" soll es sich um einen unterirdischen Bahnhof im Bereich des Biensteins handeln. Auf der in der Karte eingezeichneten Verbindungsstrecke scheint der Bahnhof in der Mitte zu liegen.

Lageplan der Stollen im Jonastal. Der Bienstein ist der Bergvorsprung zwischen den Stollen mit den Koordinaten N 50°48'50 – O 10°52'15. Mit den grünen Kreisen wollen wir auf Verdachtsflächen für Stollen hinweisen. Der oben grün eingezeichnete Bereich soll hypothetisch die Lage des Bahnhofs zeigen.

Anmerkung:

> **Manche sagen auch, dass der Bahnhof unterirdisch unterhalb der Talsohle gelegen habe. Georadarspuren könnten das bestätigen. Auch eine Wasserader und der Bach verlaufen unterirdisch. Nur bei Starkwasser fließt die „Wilde Weiße" in ihrem oberirdischen Bett. Könnte es nicht sein, dass man den Bach heute in dem Stollen der Bahn und durch den Bahnhof fließen lässt?**

GPS-Position des Biensteins: N 50°4851 – O 10°5215

Hans-Joachim König lässt mehrere Zeitzeugen zu Wort kommen, die den Bahnhof beschreiben.

#19 Zeuge M. Wendel:

> **„Der kleine Bahnhof war am Bienstein"**

#20 Zeuge K. Werner:

> **„Ein anderer Trupp mußte 24er und 36er Kabel vom Klärwerk Polte 2 [...] zu uns und von uns zum sog. Bahnhof, dort war ich nie, er muß bei Gossel[48] sein, einbringen."**

#19 Zeuge Stephan von Kayser:

> **„Der Bienstein war eine Hauptstelle. Dort war extra eine Gleisanlage geschaffen worden mit Bahnhof unter der Erde und mit Gleisverbindungen, welche in das Innere des Berges mit ihren Strecken führte."**

48 *Gossel liegt südlich des Biensteins.*

Zusammenfassung:
Der auf unserer Karte eingezeichnete vermutliche Bahnhof wird durch die Aussagen der oben aufgeführten Personen bestätigt. Wie schon bei den anderen Berichten wurden auch diese unabhängig voneinander gemacht. Es besteht kein Grund für eine Absprache untereinander. Daher sind sie für uns glaubwürdig.

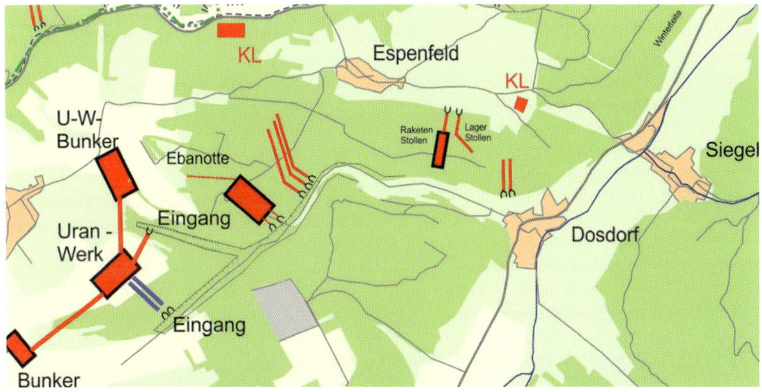

Ausschnitt Dosdorf. Der Wald mit der Bezeichnung „Gottesholz" befindet sich südlich von Espenfeld.

Die Ebanotte

Südlich der Ortschaft Espenfeld befindet ein heute nicht mehr befahrbares, unter Naturschutz stehendes, stark eingeschnittenes Tal, das sich von Dosdorf in Richtung Gossel fortsetzt. Da der Bereich um Dosdorf bis Siegelbach von der Reichsbahn angefahren wurde, liegt es nahe, dass die Materialtransporte zum Uranwerk und auch zu weiteren Stollen unter dem angrenzenden Gottesholz von dort aus über das Tal erfolgten. Der Tarneffekt gegen Luftaufklärung im Tal ist dabei besonders hervorzuheben.

GPS-Position Ebanotte:
N 50°4810 - O 10°5240

Der nördliche Eingang des Bunkers am Ebanotte-Bergrücken (grüner Pfeil) konnte mit dem Georadar identifiziert werden. Leider weicht seine tatsächliche Lage von der in der „Russenkarte" angegebenen um einiges ab. Etwas weiter nördlich finden sich am Hang der „Ebanotte" Spuren eines ehemaligen Baulagers. Dort stießen wir auf die Zufahrt von der alten Straße von Espenfeld nach Gossel. Alle geologischen Hinweise auf Stollen neben dem Lager sind mit grünen Kreisen kenntlich gemacht. Mit dem Magnetfeldgerät von „Tero Vido" wurden uns sogar betonierte Wände in der Einfahrt angezeigt. Weitere verdächtige Flächen befinden sich im Tal.

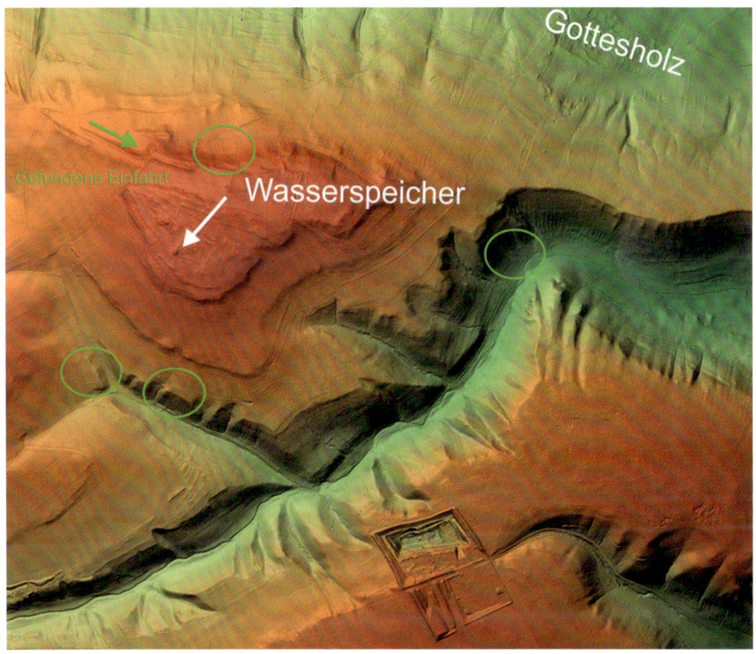

Das Tal von Dosdorf und der Ebanotte.

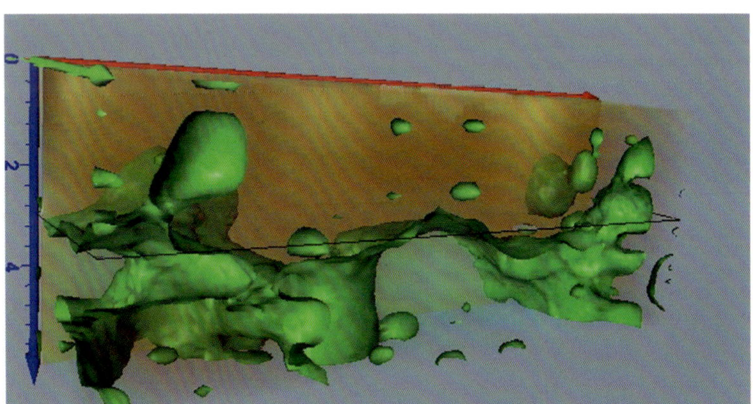

Georadarbild der Ebanotte. Gemessen wurde über dem schon optisch auffälligen Areal. Der sichtbare Tunnel der Einfahrt bestätigt unsere Vermutungen.

Bunker bei Wölfis

In der „Russenkarte" sind zwei Bunker ostwärts des Ortes Wölfis verzeichnet. Bei der Analyse dieses Bereiches fallen im digitalen Geländemodell einige verblüffende Unstimmigkeiten, aber auch Übereinstimmungen auf.

Zum einen gibt es an der Position der beiden Bunker auf der Karte auch im Geländemodell zwei sichtbare Bodenanomalien, die als Einstiege oder Notausgangsschächte zu deuten sind. Ein deutlicher Hinweis auf die tatsächliche Existenz der Bunker.
Des Weiteren befindet sich an der Stelle (Verdachtsfläche) der Einfahrt (oben rechts auf der „Russenkarte") heute ein Schießstand.

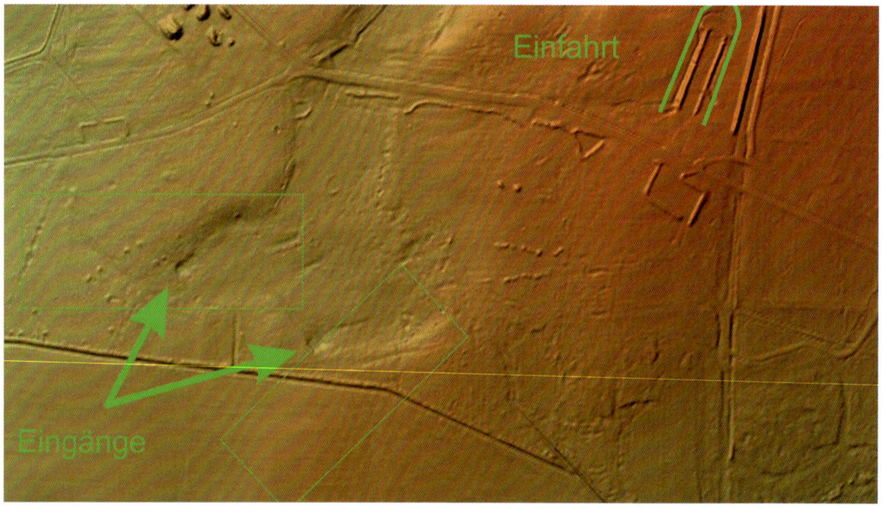

Wir vermuten:

Die Einfahrt wurde bis zur Hälfte aufgefüllt und in die entstandene Vertiefung als Schießstand genutzt. Dort, wo sich die Einfahrt befand, wurde der Kugelfang aufgeschüttet, so dass auch keine Chance besteht, in die Einfahrt hinab zu graben.
Dazu auch das Kapitel „Die Autobahneinfahrt".

Unten:
Ausschnitt aus der „Russenkarte". Viele Objekte der Karte sind im Gelände entsprechende Bodenanomalien.

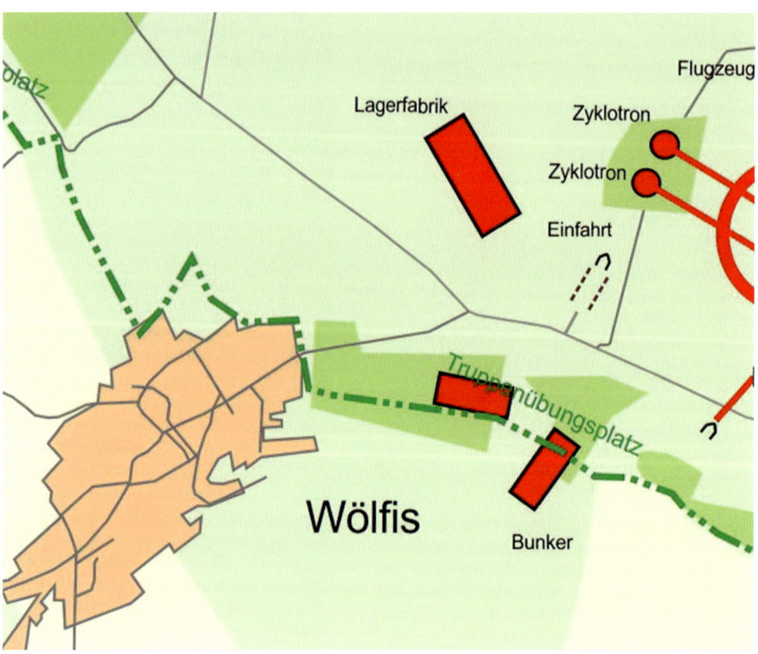

Das „Amt 10"

Auf dem Truppenübungsplatz nahe Ohrdruf gab (und gibt es immer noch) einen Bunker mit der Bezeichnung „Amt 10". Diese stammt aus der Reihenfolge der Namenszuweisungen der Reichspost. Allerdings wird das Bauwerk - es handelte sich um eine Telefonzentrale - in manchen Quellen als „Amt 510" geführt. Zu der Zeit, als das Buch „Oberkommando des Heeres, Maybach 1+2, Zeppelin" entstand, wurde in den Archiven der Bunker „Zeppelin" in Wünsdorf bei Berlin als „Amt 500" bezeichnet. Im Zuge der weiteren Nachforschung wurde auf die Ausweichstelle für das OKH auf dem Truppenübungsplatz Ohrdruf hingewiesen. Die Telefonzentrale der Ausweichstelle wurde mehrfach mit „Amt 510" angegeben. Ob hier ein Fehler oder nur eine Namensgleichheit vorliegt, ist unbekannt. In anderen Publikationen zu diesem Thema wird der Bunker als „Amt 510" und in Thüringen unter der Bezeichnung „Amt 10" geführt. Auch die Tatsache, dass der Bunker von Anfang an als Ausweichquartier für den Schutzbau „Amt 500" geplant war, lässt die Bezeichnung „Amt 510" sinnvoll erscheinen. Im weiteren Verlauf bleiben wir bei „Amt 10".

GPS-Position von „Amt 10":
N 50°5010 - O 10°454

Zur Erklärung:
Die Bezeichnung „6F-3T" bezieht sich auf sechs Fernmeldeleitungen (Telefon) und drei Tastfunkleitungen. Über die Tastleitungen wurden Relais in der Empfängerzentrale ferngeschaltet oder auch als Übertragungsleitungen von Niederfrequenz-(NF-)Signalen an Sender genutzt.

Die Decknamen entsprachen dem damals üblichen Vergabesystem. „Olga" wurde für die Region AWO (Arnstadt-Wechmar-Ohrdruf) verwendet. Die Nachrichtenzentrale in der Wolfsschanze wurde „Annabu" genannt. Im Führerhauptquartier „Riese" wird bis heute die Nachrichtenzentrale „Rüdiger" gesucht.

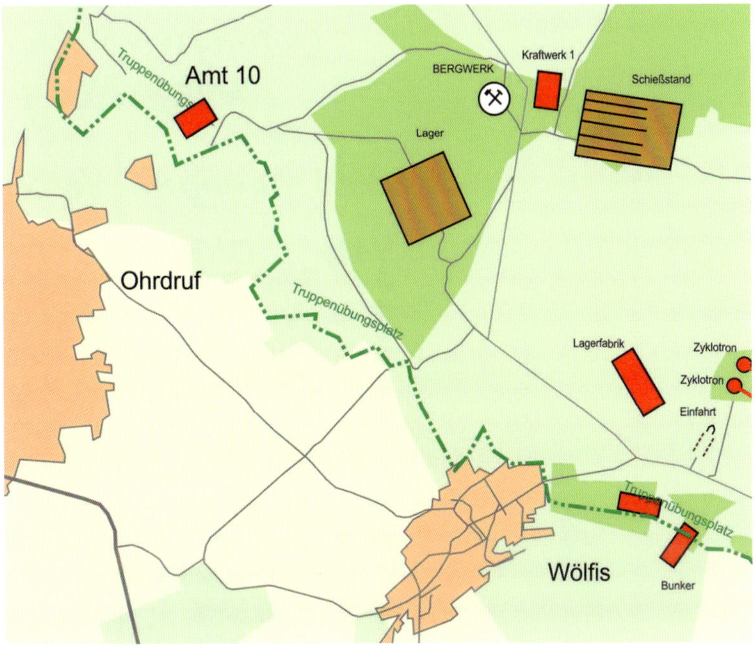

Karte („Russenkarte") des Gebiets ostwärts von Ohrdruf.

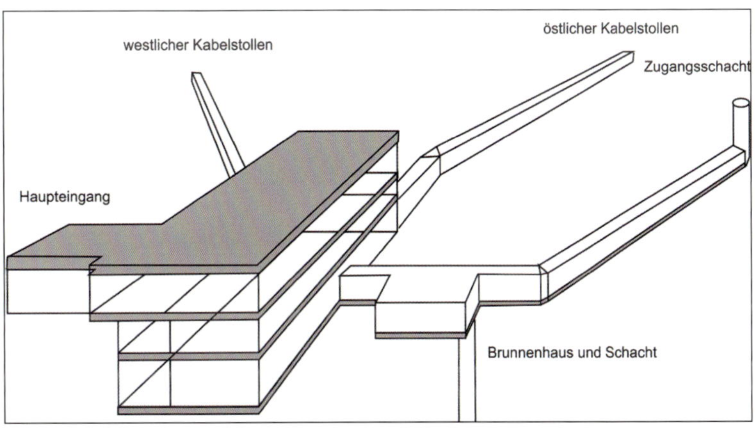

Heute ist an dieser Stelle nichts mehr von dem Bunker zu sehen. Die Fläche wurde eingeebnet. (Zeichnung: Christel Focken, inspiriert von einer Zeichnung des „Jonastal Vereins" (www.gtgj.de).

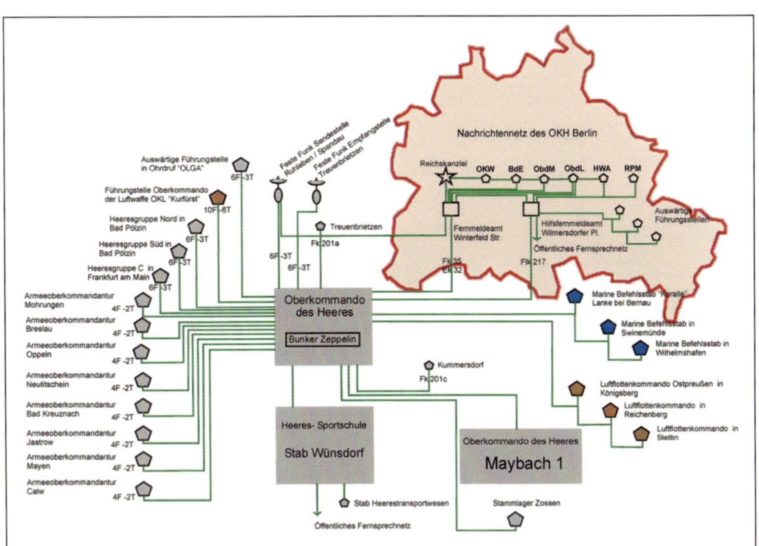

Rechts: Plan des Nachrichtennetzes der deutschen Reichspost mit den Anschlüssen zur obersten Führungsebene des Dritten Reichs. Das „Amt 10" befindet sich in der Auflistung am linken Rand der Zeichnung links oben und hat den Decknamen „Olga". (Zeichnung: Christel Focken)

Eine Aufstellung der Telefon- und Tastfunkleitungsanschlüsse der Anlage „Rüdiger“ ist bis heute der einzige echte Beweis für die Existenz der Nachrichtenzentrale. Leider liegt für das „Amt 10“ nichts Vergleichbares vor.

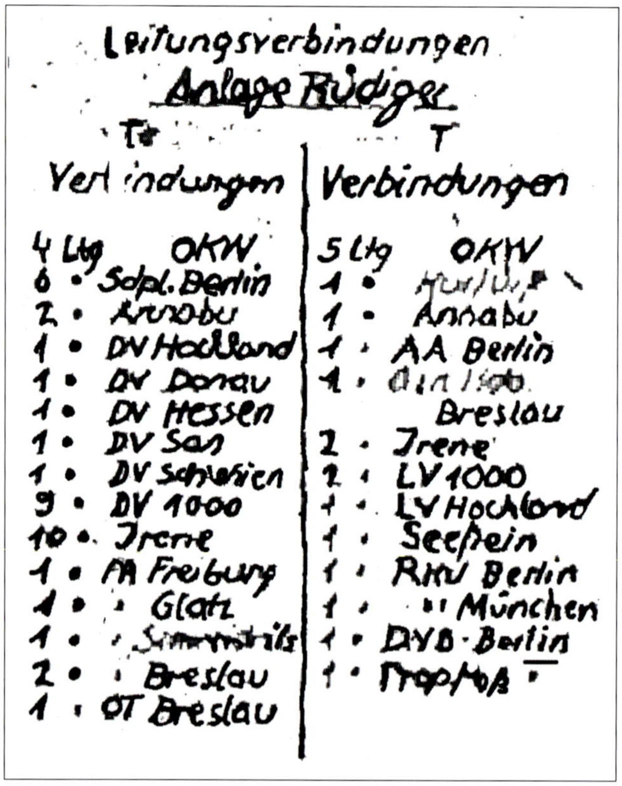

Leitungsverbindungen

Anlage Rüdiger

T Verbindungen	T Verbindungen
4 Ltg OKW	5 Ltg OKW
6 • Sdpl. Berlin	1 • [illegible]
2 • Annabu	1 • Annabu
1 • DV Hochland	1 • AA Berlin
1 • DV Donau	1 • [illegible] Breslau
1 • DV Hessen	
1 • DV Saar	2 • Irene
1 • DV Schlesien	2 • LV 1000
9 • DV 1000	1 • LV Hochland
10 • Irene	1 • Seestein
1 • AA Freiburg	1 • RKU Berlin
1 • " Glatz	1 • " München
1 • " Semmentils	1 • DVB-Berlin
2 • " Breslau	1 • Trop/MA
1 • OT Breslau	

Zyklotrone und Beschleunigungsanlage

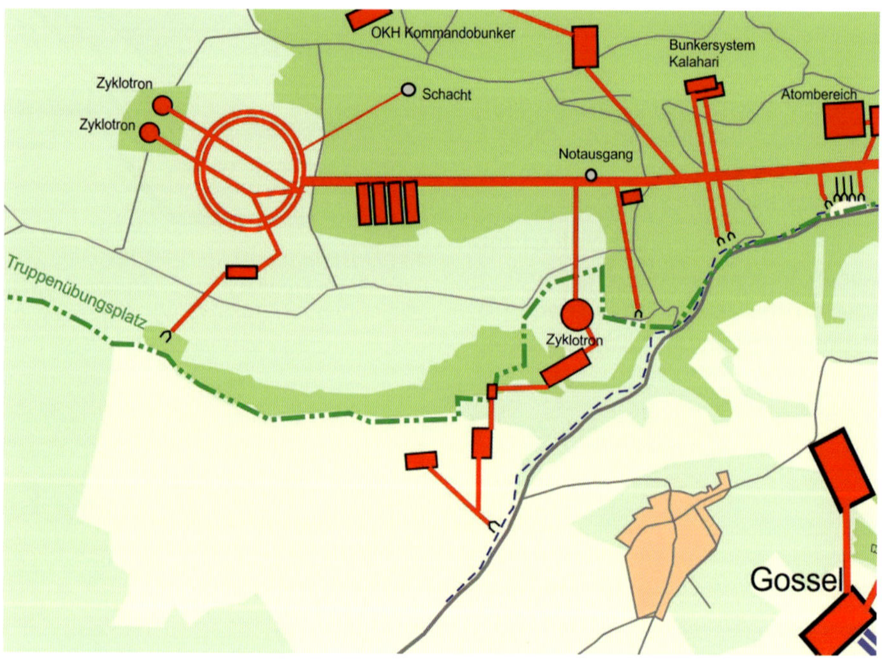

An drei Standorten beschreibt die „Russenkarte“ Zyklotrone. An den Koordinaten N 50°49‘71 – E 10°48‘37 befinden sich die beiden Hügel mit der darunter liegenden Bunkeranlage für zwei Zyklotrone. Am Standort des dritten Zyklotrons (N 50°48‘35 – E 10°50‘32), nördlich von Gossel, liegt heute ein umzäuntes Gebiet und eine größere Betonplatte an derselben Stelle, die auf der Karte als Zyklotron eingezeichnet ist.

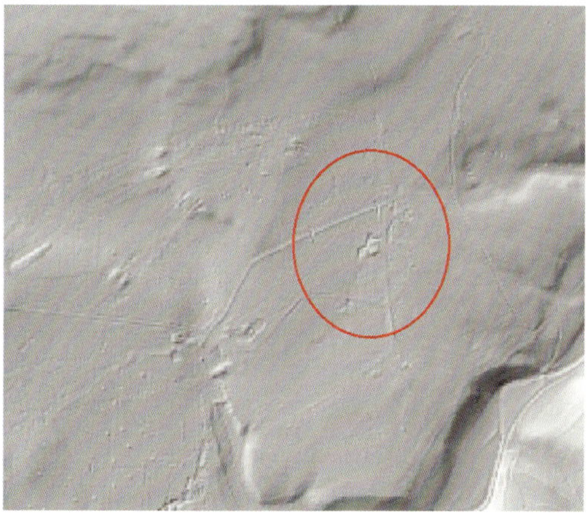

Trümmerfeld Zyklotron 3 nach der „Russenkarte“.

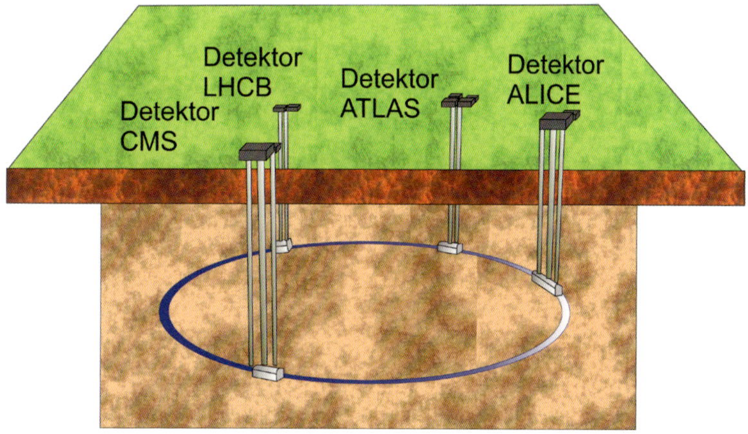

Grafik[49] zum Aufbau eines Teilchenbeschleunigers.

Die im Plan oben neben den beiden Zyklotronen eingezeichnete Ringstruktur ist in den Karten weder beschrieben noch beschriftet. Es ist daher der eigenen Phantasie überlassen, darin einen Ringbeschleuniger zu erkennen - oder eben nicht.

Anmerkung:
Es gibt viele Arten von Teilchenbeschleunigern, zu denen auch Zyklotrone gehören. Im Grunde dienen alle Geräte einem ähnlichen Zweck und haben nur andere Namen und Funktion.

Die GPS-Positionen der Zyklotrone 1+2:
N 50°495 - O 10°4838
Beschleunigerring (Teilchenbeschleuniger):
N 50°494 - O 10°4859
Zyklotron 3:
N 50°4834 - O 10°5032

In der Karte sind mehrere Zyklotrone zu erkennen. Die Zeitzeugen verweisen in diesem Zusammenhang auch auf das Vorhandensein eines Zyklotrons bzw. einer Beschleunigungsanlage. Ein Zyklotron kann sowohl in der Grundlagenforschung eingesetzt werden als auch, was in diesem Fall wahrscheinlicher ist, zur Trennung von Uranisotopen. Dadurch besteht die Möglichkeit, den Anteil von U 235 für eine Uranbombe zu steigern. Und dieses Element wiederum ist notwendig, um eine funktionsfähige Atombombe zu bauen.

Hans-Joachim König führt auch hier mehrere Zeitzeugen auf, die das Zyklotron bzw. die Beschleunigungsanlage beschreiben.

#16 Seite 41, Zeuge Karl Juppe

> **„Bei uns waren zuständig: die Deutsche Reichspost, der Forschungsrat in Verbindung mit der SS und der Reichskanzlei. Ziel war es, neben dem Bau der Rund- und Beschleunigungsanlage, [...]. Dies war besonders beim Bienstein beim Bau der Beschleunigungsanlage, welche dreimal größer als die französische Anlage gebaut wurde.“**

Damit ist klar, dass es sich bei der Beschleunigungsanlage um einen Zyklotron handelt. Der Vergleich bezieht sich auf das Zyklotron in Paris.

49 Grafik inspiriert von https://www.raonline.ch/pages/edu/nw3/phys_research020105a.html

Frédéric Joliot-Curie (1900 bis 1958)

Frédéric Joliot-Curie im Keller des Pariser Institut de Chémie Nucléaire vor dem Zyklotron

Nach der Besetzung Frankreichs durch die Wehrmacht ging im Winter 1941 dieses Zyklotron (12 Megavolt [MeV]) in Betrieb. Die Wissenschaftler beschäftigten sich vorrangig mit der Herstellung radioaktiver Präparate.

#17 Seite 44, Zeuge M. Wendel

> **„Der kleine Bahnhof war am Bienstein[50] diesen hatten die Russen gefunden, doch weiter im Berg waren sie nicht. Es war der Zugang zur Fusionsanlage. Diese Anlage arbeitet noch aktiv bis 1952, ab dann wurde sie nur noch in Betriebsbereitschaft gehalten, sie ist daher heute noch funktionsfähig, allerdings nicht mehr auf dem neuesten technischen Stand."**

#18 Seite 143, Zeuge Stephan von Kayser

> **„Der Bienstein war eine Hauptstelle [...] Ein Teil dieser Anlage dürfte jedoch niemals betreten werden. Auch war dort die sogenannte Zentrifuge untergebracht. Die gesamte Anlage war mit der Geheimzahl 123 gekennzeichnet."**

Auch in anderen Publikationen finden sich Hinweise zu weiteren Zyklotronen. So weisen Edgar Mayer und Thomas Mehner auf die Inbetriebnahme eines großen Beschleunigers gegen Ende Juli 1944 im Objekt „Rüdiger" hin. Dessen Aufgabe sollte die Produktion von angereichertem Uran sein. Das Objekt „Rüdiger" liegt bei Waldenburg (Schlesien), im heutigen Polen.

50 *Auf dieses Objekt wird später noch eingegangen.*

Dass die Zyklotrone keine Fiktion sind, kann man ebenfalls nachlesen. Hier wird auf die „Weser-Werke" in der früheren Tschechoslowakei verwiesen. Zitat: „Dort hatten die Sowjets mehrere V2-Rümpfe und eine Masse von Papieren entdeckt. Aber was sie besonders interessierte, waren die riesigen Zyklotrone, die man in dieser Fabrik herstellte." Mayer und Mehner zitieren ein Dokument aus dem National Archives and Record Administration (NARA) mit dem Titel „Cyclotrons Manufactured in Czechoslovakia". In diesem Dokument werden drei Fabriken genannt, die die Endfertigung von Zyklotronen im Krieg durchführten. Allein die Elektromagneten für die Zyklotrone sollen mehrere hundert Tonnen gewogen haben. Die Firma „Vollmann" stellte zum Beispiel ein Zyklotron her, das für die Deutsche Reichspost in Miersdorf bestimmt war. An einer anderen Stelle ist eine „Meldung über Kriegsproduktion" der in Prag ansässigen Firma „Radioslavia" abgebildet, in der die nicht erfolgte Lieferung von Einzelteilen für ein Zyklotron für die Deutsche Reichspost aufgeführt ist. Dabei kann es sich indes nicht um das Zyklotron in Miersdorf gehandelt haben, da sämtliche Teile für dieses Zyklotron laut Salow bei Kriegsende bereits fertig gestellt waren. Das Zyklotron in Miersdorf wurde jedoch durch die Sowjets im Mai und Juni 1945 demontiert und in die UdSSR verbracht.

Interessant ist dabei, dass dieses Zyklotron etwa die Leistungsfähigkeit des Pariser Zyklotrons besaß: eine Endenergie für Deuteronen (Atomkern des Deuteriums) von 13 MeV. Betrachtet man das Gewicht des dafür notwendigen Magneten (22 Tonnen), so sind bei größeren Zyklotronen Gewichte von hundert und mehr Tonnen realistisch. Ein in Dubna in der ehem. Sowjetunion gebautes Zyklotron erreichte 680 MeV bei einem Gewicht des Magneten von 7.200 Tonnen.

Harald Fäth führt als Beleg für diese These einen anonymen Zeugen an:

> **„Die unterirdischen Stollen führten weit in die Tiefe des Bergmassives [...] weit drinnen befand sich eine technische Anlage, an der deutsche zusammen mit Vertretern einer ausländischen Macht (wahrscheinlich Japaner) Experimente durchführten. Die Anlage war ringförmig, wahrscheinlich handelte es sich um eine Art Fusionsanlage. Sie nahm im Berg sehr viel Platz ein (mehrere tausend Quadratmeter). Für technische Experimente lagerte im Berginneren zudem ein gewisser Vorrat eines Edelmetalls."**

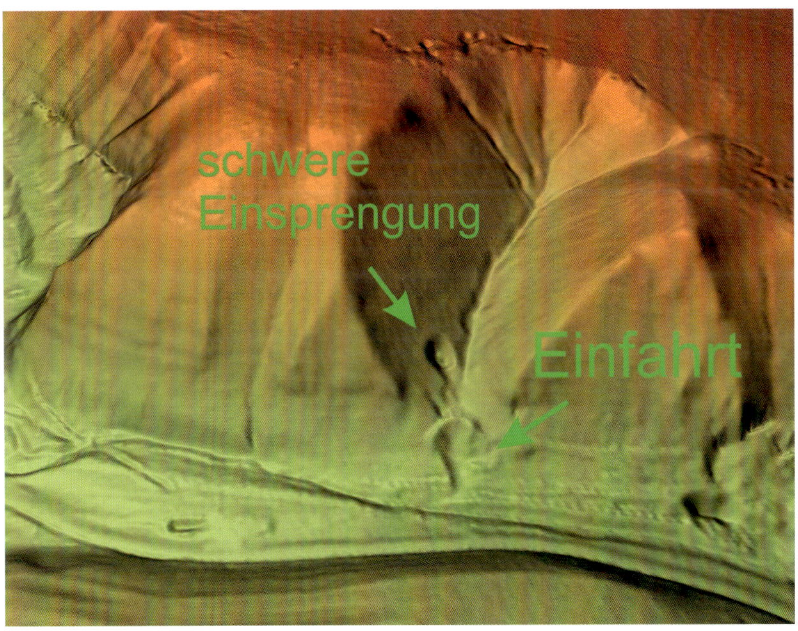

Lediglich aus großer Höhe erkennt man die Ausmaße der ehemaligen Einfahrt am Bienstein. Die Wucht bei der Sprengung des Stollens muss gewaltig gewesen sein.

Zusammenfassung:
Dass im Berg beim Bienstein mindestens ein Zyklotron installiert war, bestätigen mehrere Zeitzeugen unabhängig voneinander. Entsprechend der uns vorliegenden Karten kann es drei Standorte und gegebenenfalls auch drei Zyklotrone gegeben haben. Das wäre auch sinnvoll gewesen. Bis 1945 sind auch Zyklotrone hergestellt worden, so viel steht fest und das bestätigen auch die von uns aufgeführten Unterlagen. Damit erscheinen uns die Angaben plausibel.

Erstaunlich sind auch die Hinweise von zwei Zeugen, die auf eine Fusionsanlage hindeuten. Laut Harald Fäths Quelle scheinen nicht nur Versuche zur Anreicherung von U 235 durchgeführt worden zu sein, sondern auch mit dem Ziel, (waffenfähiges!) Plutonium zu erzeugen. Dabei wird auf nicht angereichertes Uran ein Deuteriumkern (Schweres Wasser) mit Hilfe des Zyklotrons geschossen. Es bildet sich Neptunium, welches dann durch den sogenannten Beta-Minus-Zerfall in Plutonium zerfällt. Eine Gruppe um den Forscher Glenn T. Seaborg (1912 bis 1999) in den USA führten solche Versuche schon 1940/41 durch.

4 Die Einfahrt bei Ohrdruf

Bisher sprachen sowohl alle Zeitzeugen als auch Kollegen, die an dem Thema arbeiten, von einer zentralen Einfahrt von Ohrdruf aus in die „unterirdische Welt des Dritten Reichs“. Diese Einfahrt liegt ostwärts von Ohrdruf, direkt am Hopbach.

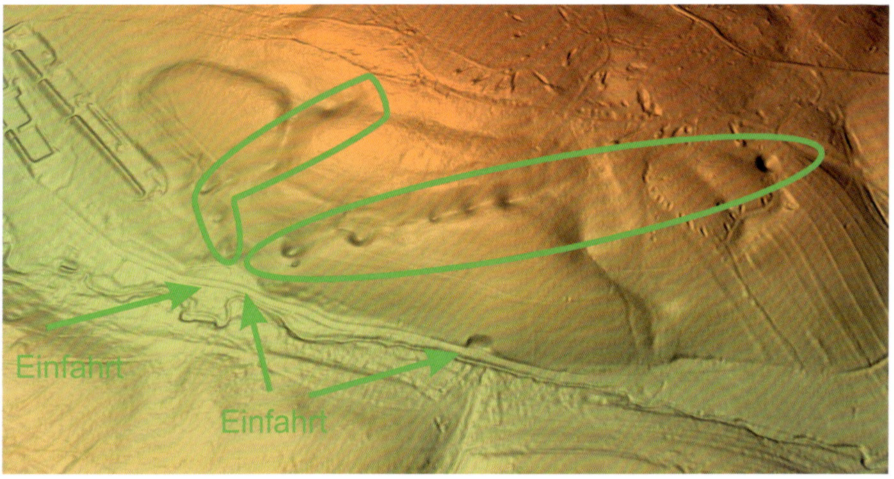

An dieser Stelle zeigen uns die durch die Kreise markierten Einsprengtrichter, welche Mühe sich die damaligen Sprengmeister gegeben haben, um die Tunnel für alle Zeit zu verschließen.

Anmerkung:
Bei allen bisher bekannten deutschen Sprengungen solcher Zufahrten ging es immer darum, die Anlage einerseits vor dem Feind zu verbergen und zum anderen sie lediglich zu lähmen, damit sie später einmal wieder hochgefahren und in Betrieb genommen werden konnte.

Bei der historischen Einordnung und Bewertung vergangener Ereignisse dürfen wir nicht in den Fehler verfallen, diese Dinge aus unserer heutigen Sichtweise und aus unserem Erleben – bzw. Nichterleben – zu bewerten. Was will ich damit sagen? Nun, oft fehlt uns einfach die Fähigkeit, sich in die Denkweise eines Menschen vergangener Zeiten hineinzuversetzen. Uns fehlt nicht selten das Gefühl, wie es ist, selbst in einem Krieg zu sein, die Bomberströme und Luftangriffe am eigenen Leibe zu erleben. Wir wissen nicht, wie es ist, „ferngesteuert“, also beeinflusst von einer einseitigen Propaganda, vom „Endsieg“ zu träumen. Für uns stellt sich also das Problem, was in den Menschen damals vorging, als sie sich an die Sprengung machten. Was brachte sie dazu, wie kamen sie auf die Idee? Versetzt man sich in deren Lage mit dem damaligen Kenntnisstand der Geschehnisse (die auf einer äußerst einseitigen, verlogenen Informationsbasis beruhten – und glaubte man an die offiziellen Statements – dann war es also möglich, dass das verloren gegangene Gelände wieder zurückerobert wurde. Dann müssten die Stollen wieder geöffnet werden, um die Arbeiten fortzusetzen. Niemals gab man zu, das Deutsche Reich stünde kurz vor der Kapitulation – man wäre

am nächsten Baum wegen „Wehrkraftzersetzung" aufgehängt worden! Russische Sprengmeister hatten, nachdem sie auf für die UdSSR brauchbares Material gestoßen waren und es sichergestellt hatten, kein weiteres Interesse mehr an den Stollen. Zumindest so lange wie der Kalte Krieg „kalt" blieb und nicht zu einem „heißen" Krieg eskalierte. Damals wollte man nur die Anlagen für immer versiegeln und zündete deshalb die Sprengladungen an mehreren Stellen im Tunnel. Später hätten sie die Tunnel dann doch gerne wieder genutzt (siehe Anlage „Zeppelin" in Wünsdorf).

Die Einsprengtrichter zeigen uns aber auch, welche Erd- und Gesteinsmassen in den Tunnel eventuell nachrutschen konnten. Es waren auch keine kleinen Tunnel, sondern sicherlich Tunnel, wie man sie zum Beispiel aus der Anlage „Malachit" bei Halberstadt kennt.

Blick in den Hauptstollen (Altteil) der Anlage „Malachit" mit Abzweigungen nach rechts und links. Nach dem Krieg wurde ein Teil des Stollensystems zum Komplexlager 12 der NVA.[51]

Bei den Sprengungen wurden das Deckengestein und die stabilisierenden Auskleidungen, die entweder gemauert oder betoniert waren, abgesprengt. Der Berg rutschte daraufhin nach und füllte den Sprengtrichter vollständig aus, sodass die Oberfläche wie eingeebnet schien.

51 *In der Nationalen Volksarmee der DDR gebräuchlicher Ausdruck für ein großes (Geräte-)Depot.*

Die Zugänge zum Führerhauptquartier bei Bittstädt

Auch die Frontseite des Berghanges – hier in der Ansicht von der Straße von Arnstadt nach Holzhausen – hat Einfahrten in den Berg. Und auch hier wurden wir erst darauf aufmerksam, nachdem uns zuvor bereits andere Tunnel aufgefallen waren. Wir hatten inzwischen einen Blick für solche geologischen Ungereimtheiten entwickelt.

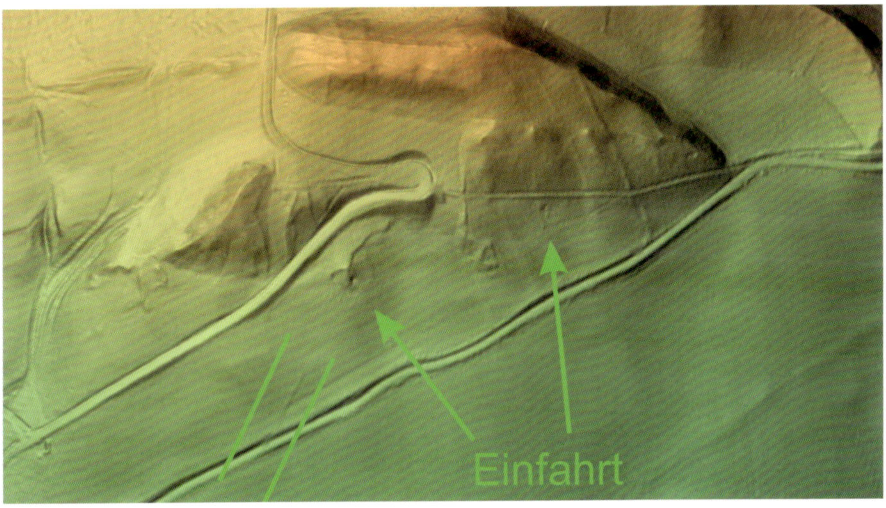

Die beiden Pfeile zeigen auf Punkte, die wir als Einfahrten zu dem im Kapitel „Amt 800 zum FHQ" beschriebenen FHQ interpretieren. Im Geländemodell ist auch die Zufahrt zu einem der beiden Eingänge sichtbar (von grünen Linien umrahmt).

Bei dem rechten verdächtigen Punkt ist uns ein vertikales Georadarbild gelungen: Wir haben nicht in den Boden, sondern die Wand gescannt. Das Ergebnis spricht für sich.

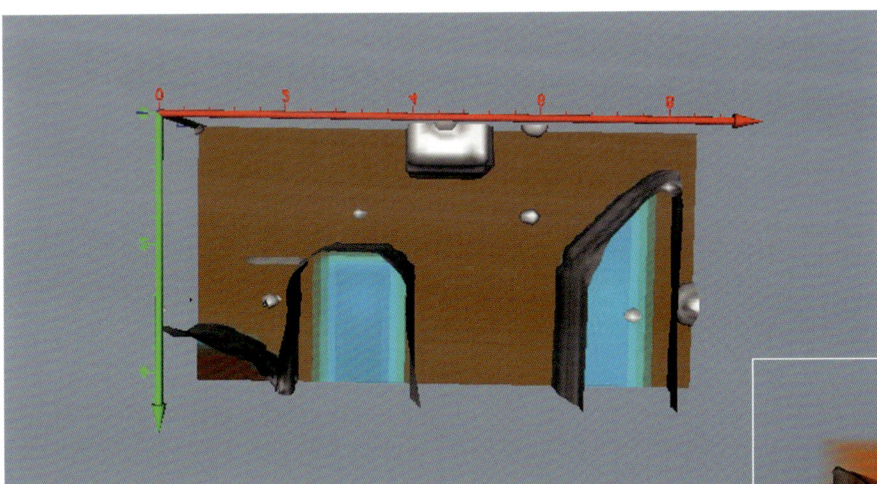

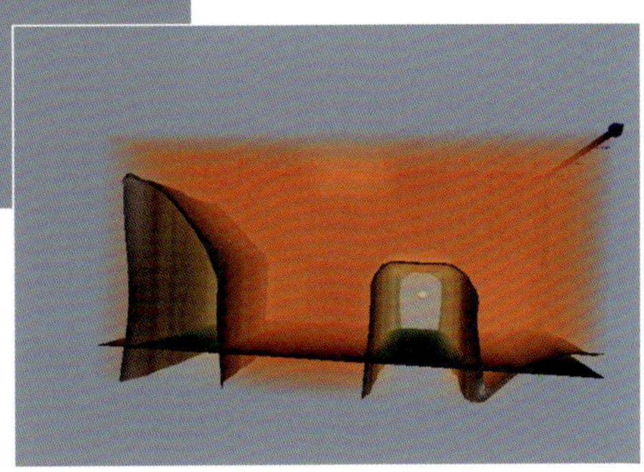

Durch die vertikale Scanweise schauen wir sozusagen in den Tunnel hinein. Deswegen befindet sich die blaue Tiefenlinie in der waagerechten und zeigt in den Berg. Die blaue Fläche bedeutet „Hohlraum".
Deutlich erkennbar sind die beiden Zugangstunnel. Das kleinere Bild zeigt die Tunnel von der Rückseite.

Die Einfahrten zum „Amt 7“

Welchen Zweck das „Amt 7“ hatte, können wir nur erahnen. Die Zeitzeugen geben hier keine Auskunft. Allerdings wird auch von den Ämtern 800, 600, 10 und 9 gesprochen. Es liegt demnach nahe, dass es auch ein „Amt 7“ gegeben haben kann. Damit wären wir wieder bei der Reichspost.

Bei der Auswertung des digitalen Geländemodells sind wir den Eingängen auf die Spur gekommen. Allerdings nicht wie gehofft an den Stellen, die die „Russenkarte“ zeigt. Die Position stimmt zwar, aber die Einfahrten wurden damals wesentlich weniger aufwendig in den Berg getrieben als die anderen, dafür umso aufwendiger getarnt. Hier vermuten wir, dass es die Deutschen waren, die die entsprechenden (Tarn-)Arbeiten durchgeführt haben. Somit ist es nicht einfach, diese im Gelände wieder zu finden.

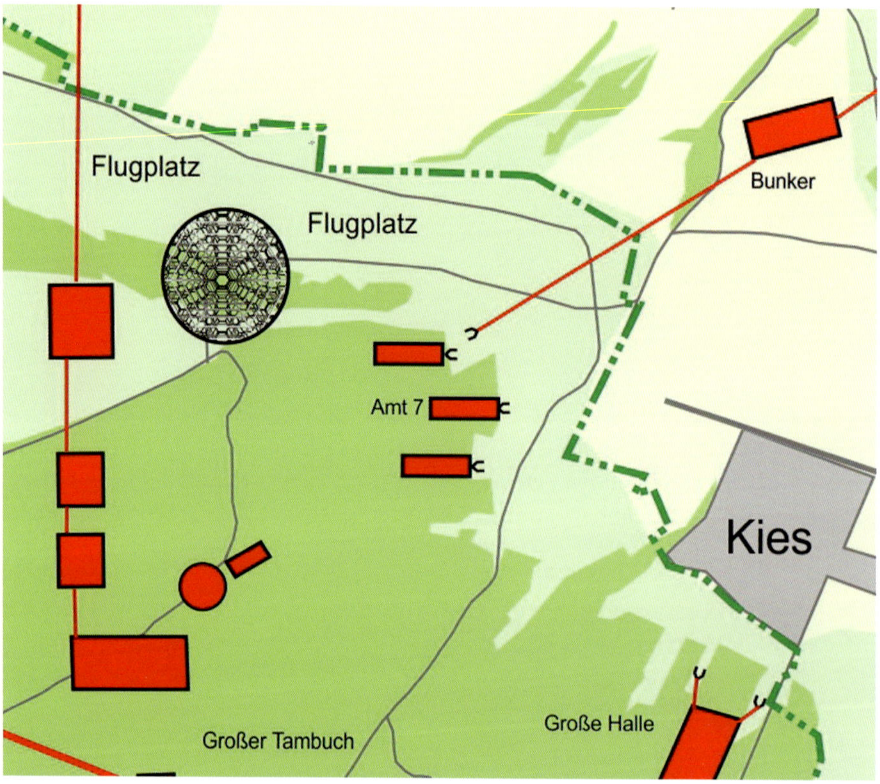

Die Karte ist in Verbindung mit dem Gesamtplan zu sehen. Wir befinden uns westlich der Kiesgrube Bittstädt.

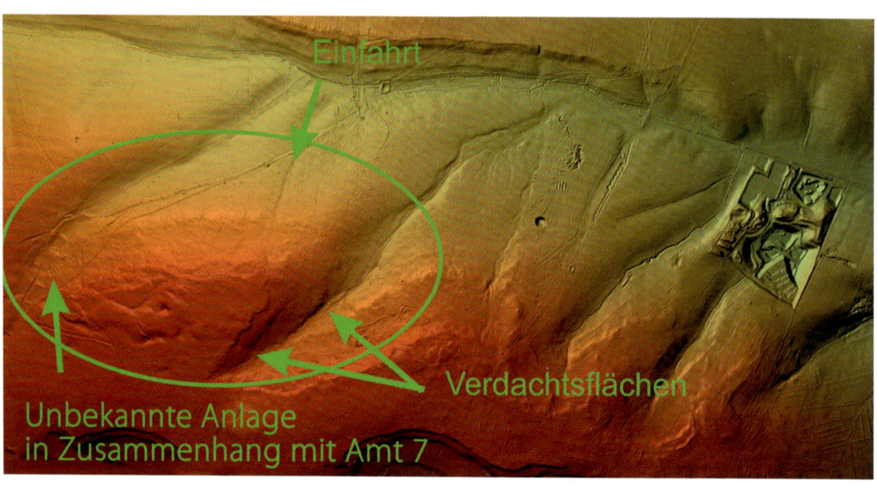

Verdachtsfläche entsprechend der „Russenkarte“ (Kreis). Zwei der in der Karte eingezeichneten Zugänge müssten sich unserer Einschätzung und Vermutung nach eigentlich hier befinden, aber noch fehlt dazu der Beweis. Örtlichkeit und Berg stimmen jedenfalls, so viel ist klar, denn die Einfahrt ist in der Nahaufnahme deutlich sichtbar.

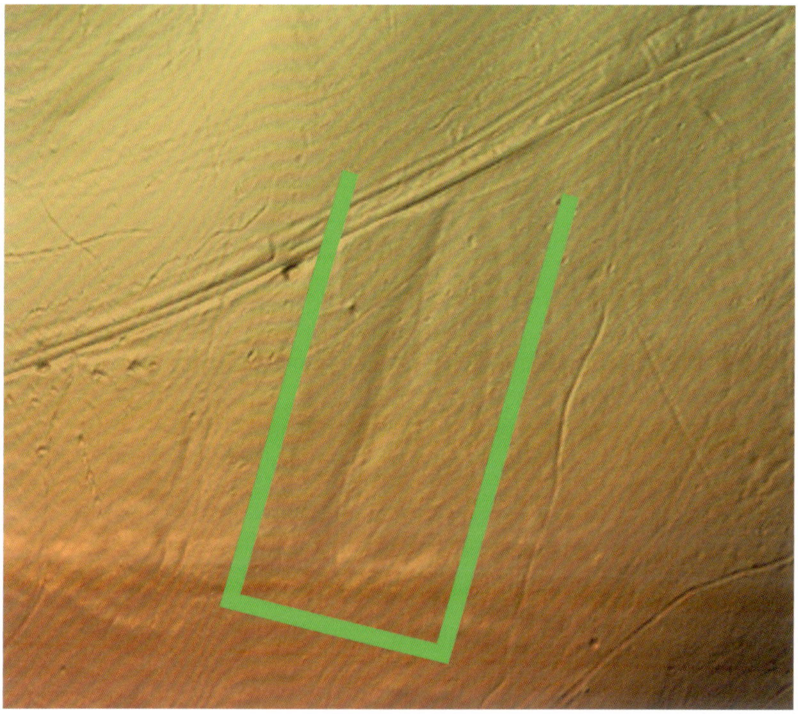

Nahaufnahme dieses Bereichs. Deutlich zu erkennen ist die oben erkennbare Einfahrtsstraße, wie sie - vom Flugplatz kommend (nördlich) - nach links (südlich) in den Hohlweg einbiegt.
Der Hohlweg, der zur Einfahrt führt, wurde aufgefüllt und liefert so keinen Hinweis mehr.
Auch ein neuer Weg hat sich im Laufe der Jahre quer über die Verschüttung gebildet. Vom Boden aus sind die Zusammenhänge mit bloßem Auge nicht zu sehen. Das gelingt erst aus der Vogelperspektive: Erst der „Blick von oben", ermöglicht durch die heute mögliche Darstellung mit modernster Radar- und Computertechnik, öffnet dem Beobachter die Augen für das große Ganze.

5 Die Autobahneinfahrten zum Führerhauptquartier

Bislang hält sich im Raum Arnstadt das Gerücht von einer angeblichen Zufahrt zur Autobahn. Hört man so etwas und denkt dabei an die doch recht große Entfernung zwischen der Bergkante am „Amt 800" und der Autobahn, kommt einem eine unterirdische Zufahrt zur Autobahn als viel zu weit vor. Bislang sind wir immer davon ausgegangen, dass eine Eisenbahnlinie, wenn diese entlang des Berghanges an der Anlage vorbeiführt, eine Abzweigung in den Berg haben könnte. Angesichts der damaligen Verhältnisse schien uns das auch sinnvoll. Aber eine Autobahnzufahrt zu einem FHQ? Sehr, sehr fraglich, denn eine derart große Straße, die zu einem Berg führt und dann einfach aufzuhören scheint, wäre für die feindliche Luftaufklärung ein Hochwertzielobjekt gewesen, das man unbedingt genauer unter die Lupe genommen hätte.

*Das Luftbild vom 11. Mai 1945 zeigt die Abfahrt in Richtung Süden.
Man erkennt sogar deutlich eine Straße bis in den Tunnel hinein. Allerdings - und das darf nicht verschwiegen werden - führt diese Einfahrt nur in eine Richtung, also eine Art Einbahnstraße. Man kann nur aus Richtung Eisenach einfahren oder in Richtung Weimar abfahren. Da aber damals keine Leitplanken den Mittelstreifen von der Gegenfahrbahn trennten, sieht man im Bild, dass auch Fahrzeuge aus Richtung Weimar den Mittelstreifen kreuzten und dann zum Tunnel fuhren. Man erkennt deutlich die befahrene Fläche im Mittelstreifen. Viel Autoverkehr, auf den man Rücksicht hätte nehmen müssen, wird 1945 über die Reichsautobahn nicht mehr gelaufen sein. Dennoch sind im Luftbildausschnitt zwei Fahrzeuge erkennbar.
Die Einfahrt befindet sich somit in Richtung Haarhausen, sie liegt im Westen dieses Ortes.*

Heute kann man diese Autobahn völlig ungehindert nutzen. Man kann auch alle Land- und Straßenkarten durchsuchen, hier helfen nur noch Luftbilder von 1944 und 1945. Geradezu mustergültig nach den Vorschriften des Straßenbauwesens wurden bei dieser Reichsautobahnabfahrt die Zufahrtsstraßen angelegt.

Alle Luftbilder für dieses Gebiet wurden 1945 aufgenommen. Gehen wir davon aus, dass bereits zur Jahreswende 1944/45 damit begonnen wurde, den Tunnel und die Einfahrten zu verschließen und zu tarnen, erklärt sich auch, warum auf manchen Luftbildern der Tunnel schon nicht mehr sichtbar ist. Dennoch gibt es deutliche Hinweise auf Bauaktivitäten, von denen unsere Zeitzeugen berichten.

Ganz bewusst haben wir den Plural für Autobahneinfahrt in der Kapitelüberschrift gewählt. Ein Hinweis ließ uns nicht los. Was war auf dem Gut Ringhofen geschehen? Weder die Analyse des digitalen Geländemodells noch Ortsbegehungen führten zu Ergebnissen. Erst der Zufall brachte uns darauf, dass die Einfahrt eventuell auch durch eine Überbauung nach dem Krieg „versteckt“ wurde und heute nur noch mittels Luftbildern zu finden wäre. Doch wir suchten und dachten immer zu engstirnig.

Die Beschreibung heißt lediglich „Zufahrt Gut Ringhofen“. Aber wir wissen nicht, ob es sich dabei tatsächlich um die Zufahrt zur Autobahn handelt.

Da wir bis Redaktionsschluss nicht vor Ort scannen konnten, bleibt diese Fläche für uns zunächst eine verdächtige Fläche, die zu gegebener Zeit näher untersucht werden muss. Aber: Alle Indizien sprechen für eine Auffahrt.

Wir bleiben dran und forschen weiter!

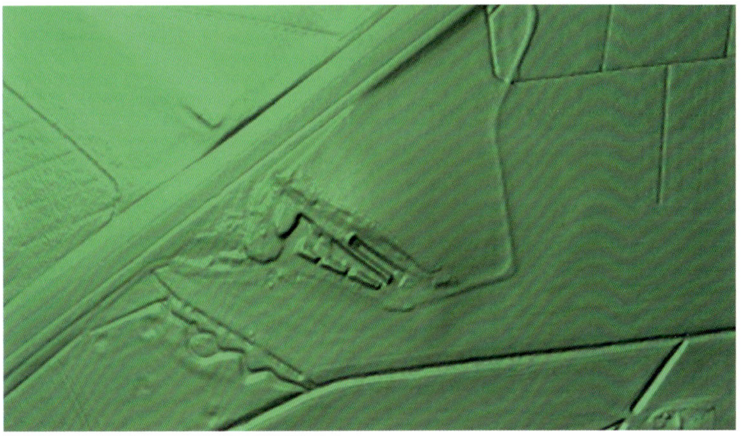

Heute ist von der Autobahnabfahrt und auch von der Tunneleinfahrt nicht mehr viel zu sehen. Nachdem wir wussten, wonach wir suchen mussten, fiel uns die Parallele zum Schießstand bei Wölfis auf. Auch hier befindet sich heute an der vermuteten Einfahrt eine Schießanlage.

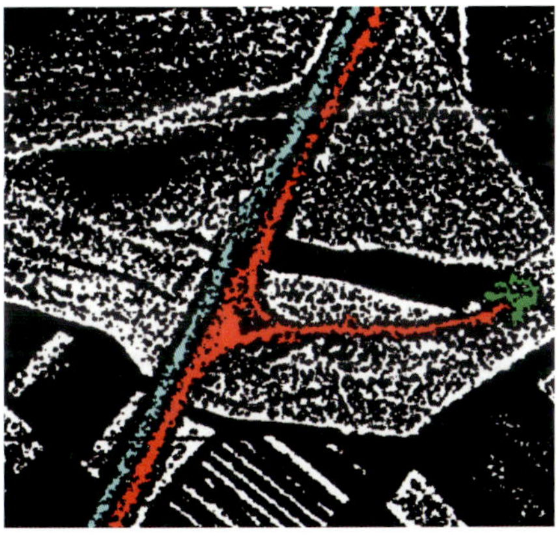

In einem nachträglich mit einem entsprechenden Computerprogramm bearbeiteten und durch Farben (blau, rot, grün) pointierten Luftbild (Nummer 1194533_8052) vom 16. Mai 1945 kann man deutlich beide Spuren der Autobahn (blau und rot), ferner die Abfahrt und das gut ausgebaute Tunnelportal (grün) erkennen.

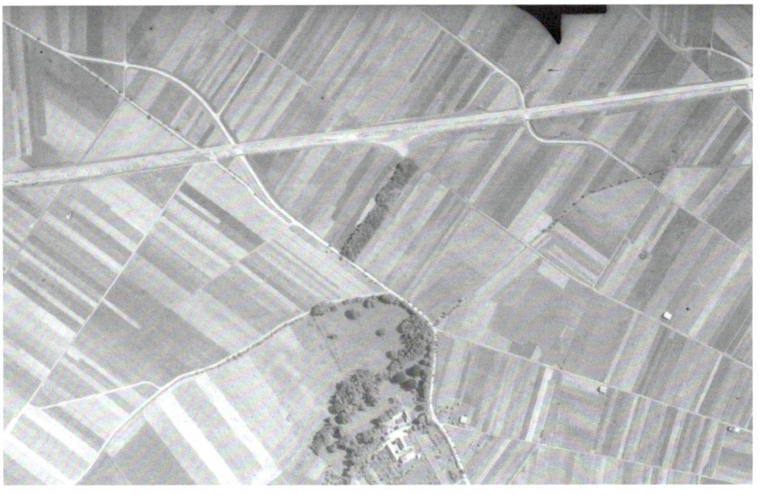

Das Luftbild 1945175_7032 vom 9. Mai 1945 brachte einen Hinweis. Wozu braucht eine Autobahn eine Abfahrt, die quasi in einem Busch endet? Im Bild unten ist deutlich das Gut Ringhofen zu erkennen. Was aber, wenn die Bezeichnung nur den nahen Hof als nahen Ort bezeichnet, aber nicht den Standort selbst.

In der Nahaufnahme erkennt man sogar Fahrspuren aus dem Wäldchen zur Autobahn (bzw. umgekehrt).

Nach Redaktionsschluss haben sich weitere sensationelle Erkenntnisse ergeben. Zeitzeugen bzw. deren Nachfahren haben sich aufgrund von YouTube-Videos auf dem Kanal der Autorin gemeldet und neue Hinweise zu Standorten und Funden gegeben. Im nächsten Buch von Christel Focken mit dem Titel „SIII – Das letzte Führerhauptquartier" werden wir intensiv auf die neuesten Erkenntnisse eingehen.

Schlusswort Rolf-Günter Hauk

In „Atombombe Made in Germany“ hatten wir die neuen technischen Möglichkeiten des Georadars dargestellt, mit denen man bislang Unbekanntes und/oder Verborgenes wieder sichtbar werden lassen kann. Zum Beispiel Bombenkörper. Die weiteren Ausführungen zeigten die technischen Voraussetzungen auf, die notwendig waren, um eine Atombombe zu entwickeln und zu bauen.

Die vorliegende Arbeit knüpft an die früheren Ergebnisse an. Es sollte eine Gesamtschau werden, in der mit Hilfe vieler Zeugenaussagen, von Kartenmaterial, von Georadarmessungen sowie mittels softwarebasierter Auswertung dieser Scans alle neu verfügbaren Informationen zu einem in sich schlüssigen und vor allem belegbaren Gesamtkonstrukt zusammengeführt werden konnten. Wir haben hier gezeigt, dass viele vermutete Einrichtungen keine Hirngespinste von Phantasten sind. Vielmehr konnten wir deren reale Lage nachweisen.

Dass das Deutsche Reich und Japan Verbündete waren und deshalb viel Technologie-Know-how nach Japan floss, ist den meisten historisch Interessierten sicherlich bekannt. Wie weit jedoch Japan bei der Entwicklung einer eigenen Atombombe fortgeschritten war, dürfte für viele sicherlich neu sein. Leider kennen wir dazu lediglich US-amerikanische Quellen. Diese haben wir vorgestellt.

Zum Schluss noch ein paar Worte zur Quellenlage, besonders in Deutschland. Es ist leider nun einmal so, dass die offizielle Geschichtsschreibung hierzulande von einer deutschen Atombombe nichts wissen will. Das zeigt sich auch in den Reaktionen oder auch im Totschweigen unserer Veröffentlichungen. Leider haben dazu nicht nur die Geheimhaltung der Siegermächte, besonders der Amerikaner und Briten, beigetragen, sondern auch die in den von uns beschriebenen Gebieten tätigen Wissenschaftler und Techniker, indem diese sich scheuten, an die Öffentlichkeit zu gehen. Somit kommt die historische Wahrheit nur tröpfchenweise ans Licht. Trotzdem bin ich davon überzeugt, dass mit diesem Buch erneut ein weiterer Schritt zur Aufdeckung der tatsächlichen Vorgänge bis 1945 getan wurde.

Rolf-Günter Hauk

Schlusswort Christel Focken

Von Berlin (West) aus war die Forschung für mich mein halbes Leben lang politisch blockiert. Nach der Wende hatte ich vieles aufzuholen. Schon damals war das Gefühl, dass man als Privat-Forscher (ich vermeide bewusst den Begriff „Hobby-Forscher") von den Anwohnern, die in der Nähe der ehemaligen Anlagen ansässig sind, nicht alle Informationen bekommt, die vorhanden sind. Oft genug wurden Informationen zurückgehalten, aus welchen Gründen auch immer. Nachdem in Polen nach der Regierungsübernahme durch die PIS-Partei die Zusammenarbeit mit öffentlichen Stellen fast zusammenbrach, verlegte ich meine Kraft auf Anlagen in Deutschland.

Nachdem ich zunächst den Aussagen einiger Kollegen folgte und zudem auch im Bereich Arnstadt - Ohrdruf für mein Vorhaben wichtige Kontakte knüpfen konnte, denen ich vertraute, formte sich ein schlüssiges Bild „von damals". Ich erkannte, dass trotz jahrzehntelanger Forschung der Wissensstand in einer Art abgeschlossener Blase verharrte und sich immer betriebsblinder im Kreise zu bewegen schien. Ich erfuhr viel Frust bei dem Versuch, neue Kontakte zu knüpfen und Entdeckungen zu teilen. Bei manchen Kollegen stieß ich auf Ablehnung und auf eine Mauer des Schweigens. Im Internet wurde jede meiner Aussagen zum Jonastal kommentiert und mit Beleidigungen „verziert".
Ich musste sogar eine Verleumdungsklage anstrengen, um mich zu wehren. Die bisherigen Erkenntnisse der Kollegen, aber auch die Angriffe gegen mich, spornten mich indes immer weiter an. Ich sagte mir: „Wenn die Herren so im Dunkeln fischen, mache ich mal ein Licht an." Das klingt zwar überheblich, ist aber genau das, was aus Mobbing und Ausgrenzung werden kann.

Zwei Personen bin ich besonders dankbar, denn sie gaben mir Unterstützung und auch Zugang zu weiteren Informationen. Dazu gehört der leider verstorbene Martin Stade. Auch wenn viele seiner Aussagen nicht stimmen, so wusste er doch sehr viel über die damaligen Vorgänge oder er stieß mich zu weiteren Forschungen an. Die andere Person unterstützt mich noch heute, möchte aber wegen ähnlicher Erfahrungen, die ich machen musste, nicht genannt werden.

Zum Abschluss möchte ich noch einige Leserbriefe zitieren, die mich bei der Recherche zu diesem Buch regelrecht „auf die Palme gebracht haben".[52]

„[...] Nun müssen Sie wissen, eigentlich kann ich nicht sagen Sie müssen es wissen, sind wir Alten ja an einem Eid gebunden, der auf Lebenszeit und auch auf unsere Nachkommen geht [...]"

„[...] Diese beiden Beiträge haben wir ehemaligen Wissenschaftler und Techniker sowie die Häftlinge und freien Arbeiter nicht verdient. Es ist eine Schande, solche unwahren Dinge zu schreiben [...]"

52 *König (2005): S. 52 bis 58.*

„[...] Mit diesen beiden Beiträgen schädigen Sie die Arbeit, welche über viele Jahre Menschen in kleinen Mosaiksteinen erarbeitet haben. Sie schädigen und setzten den Tod von vielen Häftlingen und die Arbeit der Deutschen Wissenschaftler und Techniker ins Lächerliche."

„[...] In Rücksprache mit einigen Freunden, werde ich Ihnen gegebenenfalls einige Unterlagen zu senden, welche nicht an den Eid von 1945 gebunden sind [...]"

„[...] Dazu gibt es noch zwei Eide, einmal den der Waffen-SS um Herrn Dr. Ing. Kammler (SS-Obergruppenführer und General der Waffen-SS) und einmal der Wissenschaftler um Dr. Seufert aus Berlin (nicht Dr. Diebner) [...]"

„[...] Sie wissen ja, ein Eid bindet [...]"

In den Briefen ging es um die Kritik an der Arbeit des Jonastalvereins, Kritik an Martin Stade, aber auch um den Versuch, manches richtig zu stellen. Ich habe im Kasten oben nur einige Passagen zum damals auf den „Führer" geleisteten Eid angeführt. Aber: Wenn ich, wie in den Briefen aufgeführt, den Eid und die eigene Leistung so hervorhebe und mich über die Vertuschung der eigenen Leistungen beschwere, dann sollte ich nicht den damals geschworenen Eid als Grund für das eigene Dilemma vorschützen. Ein Eid, der half, Millionen von Menschen in den Tod zu schicken. Ein Eid, der einem Regime geschworen wurde, das menschenverachtender nicht sein konnte. Die entwickelte Technik und der erworbene Fortschritt sind die eine Sache, doch mit dem Zusammenbruch des „Dritten Reichs", mit dem Tod der beeideten Person ist dieser Eid nicht mehr wirksam.
Wenn also ein Anspruch an die Darstellung der Errungenschaften besteht, dann sollten diese Personen oder ihre Erben die Geheimnisse offenlegen und es in die Geschichte unseres Landes einfließen lassen.
Wir privaten Forscher tragen Mosaiksteine der Geschichte zusammen. Leider gibt es darunter so manchen, der meint, den „Stein der Weisen" zu besitzen. Und oft behält mancher sein Wissen für sich, gibt es nicht oder nur im kleinen Kreis weiter. Ein wenigstens ansatzweise schlüssiges Gesamtbild wird es auf diese Weise niemals geben können. Untereinander herrschen leider Misstrauen, Hass und Feindschaft. Jeder kleine Hinweis kann nachverfolgt werden, auch wenn unterschiedliche Menschen unterschiedliche Schlussfolgerungen daraus ziehen. Im Sinne der Offenlegung der Geschichte sollte das Ziel im Vordergrund stehen, nicht der eigene Vorteil.

Ohne die Hilfe amtlicher Stellen, die sich weigern, uns zu unterstützen, fehlen uns die konkreten Informationen derjenigen Menschen, die das Wissen haben, aber ihren Eid wichtiger ansehen als gelebte Geschichte. Vielleicht kann dieses Buch dazu beitragen, amtliche Türen zu öffnen und Wissen zu teilen.

Christel Focken

IMPRESSUM

Brandenburgisches Verlagshaus
Mathias Lempertz GmbH
Hauptstr. 354, 53639 Königswinter
Tel.: 02223-900036, Fax: 02223-900038
info@edition-lempertz.de, www.edition-lempertz.de

Umschlaggestaltung: Ralph Handmann
Satz/Layout: Hilga Pauli
Lektorat: Dr. Thomas Müller
Gesamtherstellung: PrintConsult GmbH, München
Printed and bound in Slovakia

MIX Papier aus verantwortungsvollen Quellen FSC® C084279 www.fsc.org

Klimaneutral Druckprodukt ClimatePartner.com/13600-1909-1001

ISBN: 978-3-96058-392-9

Der Verlag distanziert sich von der persönlichen Meinung der Autoren.

Quellennachweis

Abhandlung N. T. M. 17 (2009) 5-33 0036-6978/08/010005-29 DOI 10.1007/S00048-008-0324-Z © 2009 BIRKHÄUSER VERLAG, BASEL; Ursprüngliche Quelle: Schubert 1947a:393

Archiv Christel Focken

Archiv Rolf-Günter Hauk

Die Russenkarten, unbekannte Herkunft

Dwight R. Rider. Burn before Reading: The Japanese Atomic Bomb Program, the Battles of the Chosin Reservoir, and the Cave at Koto-ri. The Cell.

Focken, Christel, Rolf-Günter Hauk. 2017. Atombombe - Made in Germany. Königswinter.

Grunden, Walter E. 2005. Secret Weapons and World War II: Japan in the Shadow of Big Science (Modern War Studies). Lawrence (US-Bundesstaat Kansas).

Henshall, Philip. 2000. The Nuclear Axis: Germany, Japan and the Atom Bomb Race 1939-1945. Sutton Publishing Ltd.

Hydrick, Carter Plymton. 2016. Critical Mass: How Nazi Germany Surrendered Enriched Uranium for the United States' Atomic Bomb. Trine Day.

Karlsch, Rainer. 2005. Hitlers Bombe: Die geheime Geschichte der deutschen Kernwaffenversuche. DVA.

Karlsch, Rainer und Heiko Petermann. 2007. Für und Wider „Hitlers Bombe": Studien zur Atomforschung in Deutschland. Waxmann.

König, Hans-Joachim. 2005. Zeugnisse: Arnstadt, das Jonastal und das Dritte Reich. Berichte, Aussagen, Fotos. König.

Lange, Gerhard und Klaus Knödel. 1995. Methodenhandbuch, am Fallbeispiel Eulenberg - Arnstadt. Kühn & Hörig: Seite 607.

Scalia, Joseph Mark. 2002. U234: In geheimer Mission nach Japan. Motorbuch Verlag.

Thüringer Hauptstaatsarchiv in Weimar. Inventarnummer Klein, Akte 156-11-02.

Wilcox, Robert K. 1985. Japan's Secret War. William Morrow & Co. New York.

ZDF-History-Dokumentation „Geheime Unterwelten der SS. Wunderwaffen und Verstecke", Deutschland 2019.

Internetseiten (zuletzt abgerufen: 22.09.2021)

https://www.deutsches-museum.de/archiv/archiv-online/geheimdokumente/alsos-mission/

http://www.baseballinwartime.com/player_biographies/richardson_don.htm

https://www.academia.edu/7791284/Two_CIA_Reports_Hungnam_North_Korea?email_work_card=view-paper

http://www.mansell.com/pow_resources/books/Rider_Tsetusuo_Wakabayashi_Revealed.pdf

Digitales Geländemodel http://www.geoportal-th.de

http://www.reformation.org/atlanta-constitution.html

https://de.scribd.com/document/466962899/Burn-Before-Reading-5-March-2018

https://www.jstor.org/stable/26202118?seq=1

https://www.academia.edu/42335016/Tsetusuo_Wakabayashi_Revealed

http://www.koreatimes.co.kr/www/news/nation/2009/12/113_56715.html

https://www.researchgate.net/figure/The-26-inch-cyclotron-at-RIKEN-constructed-by-Nishina-31_fig1_260249828

https://www.raonline.ch/pages/edu/nw3/phys_research020105a.html

http://ecc.pima.edu/~gusen/Fiebinger/May_7_1947_British_%20Interrogation_Report_RG_319_270.84.2.7_E.PDF
(zuletzt abgerufen im Dezember 2020)

Bildnachweis

Alle Bilder und Karten: © Christel Focken, außer:

Seite 15: Cläre Werner 1981: Hans-Joachim König
Seite 18: Fissionsbombe-Implosionsdesign: Sebastian Dürre
Seite 25 oben: Prof. Manfred v. Ardenne: BArch Bild 183-K0917-500
Seite 25 unten: 0_0_670_813: drjohnone, US Department of Defence
Seite 27: 630-422-max: U.S. National Archives / Record Group 38
Seite 28: Nagaoka Hantaro: Limojoe
Seite 29 oben: 404-289-max: Shueisha Inc.
Seite 29 unten rechts: 428-306-max: Ekaterina Michonova
Seite 33: Blatt 2 des Berichts N-14217 des War Department, Military Intelligence Division, Washington.
Seite 36: 0300 545-887-max: U.S. National Archives & Records Administration RG226 Entry 212 Formerly Withdrawn Docs (WN # 24481) Project RAMONA, Seite 17.
Seite 52 links und rechts: Bildarchiv. Aufnahmen Prof. O. Wagenbreth, Freiberg
Seite 53 oben links und rechts: bergbad_120844 www.geoportal-th.de
Seite 63 unten: Eugen Polte: Olaf2
Seite 66 links: Almut Detmering
Seite 66 rechts: Peter Lohr
Seite 81 links: www.geoportal-th.de
Seite 82 links: James Lebenthal
Seite 82 rechts: Schubert 1947a: 393
Seite 90: dgm1_622_5638_1_th_2014-2019: www.geoportal-th.de
Seite 91 unten: 1945175_7032_pan: www.geoportal-th.de
Seite 92: 1945175_7032_pan: www.geoportal-th.de
Umschlag: U1: © Adobe Stock: Ezume Images, Mulderphoto; U4: © Christel Focken (l. o. und r. u.), © bergbad_120844 www.geoportal-th.de (r. o.), © 428-306-max: Ekaterina Michonova (l. u.)

Weitere Informationen

Für weitere Informationen zum Thema und zu Daten nach Redaktionsschluss rund um die Entwicklung der deutschen Atombombe empfehlen wir unsere Webseite: www.deutsche-atombombe.de.